JN206755

世界の教科書に見る昔話

石井正己　編

三弥井書店

Contents

世界の教科書に見る昔話

第二部　昔話・教科書・伝統教育

第三部　教科書の昔話（戦前・戦中）事典

巻頭言

教科書と昔話の気になる関係

高田桂子

プロフィール
専門　児童文学
主要著書　くすのきじいさんのむかしむかし・シリーズ全3巻(『かみかくし』『こめかくし』『つのかくし』)、『ここから物語がはじまる』

小さいころから、本が好きでした。

新しい本を開きかけたときの、ふっと立ちのぼるインクの匂いと紙の手ざわり。きっちり綴じられて開きづらい本のまん中あたりから、左右均等に少しずつページをほぐしていきます。紙で作られているので、折り目をつけないように、しわにならないように、破らないように……。

教科書には特に気を使いました。半年、一年と使うものですから、よけいに大切にしなければ！

それでも傷んだときに、母は、薄手の白い和紙で両面からはりあわせてくれました。もう大丈夫、補修したところの文字も読めるし、かえって長く持つでしょう、と。毎度同じ呪文が効いたのか、心なしか丈夫で読みやすくなった気がしたものです。

今考えると、読書が好きだったのか、本そのものに惹かれていたのか、定かではありませんが、今でも書くことと本を作る編集作業からは離れがたく、本の世界には不思議な魔力のようなものが潜んでいるのだと感じます。

教科書の持つ事情について

かつて私は、ある教科書会社の国語教科書の編纂に携わったことがありますが、そのとき、一般書とは違って、教科書には特殊な事情があることを知りました。

まず、日本の教科書には文部科学省の検定制度があり、さらに、採択に関しては、市町村の教育委員会にその権限を委ねる教科書採択制度が導入されています。そこで教科書会社としては、検定を通って採択されるために、何かにつけて自主規制、今でいう忖度をしがちになります。

そんな有形無形の制約や限界を持つ教科書が、標準性を保ちつつ、個性や新鮮さを出すにはどうすればいいのか――各社ともにまず考えるのは、新教材の発掘・発見でしょうか。新しい作家に依頼して自社だけの書き下ろし作品を！　ところが、これがけっこう大変なのです。質問や問題点が出つくして安定している教材とは違って、想像もつかないような質問や批判が寄せられます。教科書会社間の競争意識もあります。そうなると忖度しすぎて、一期（四年間）でおろすかどうか思案投げ首。そのたびに、それほど自信のない教材だったのかと思われないためにも、せめて二期は載せたい、と励まし合うこともあって、教材決定までの攻防戦はなかなかスリリングでおもしろいものでした。

昔話のさまざまな取り組み方

質問や問題点が出つくして安定している教材として、思い浮かぶのは昔話・民話の類でしょうか。しかし、これも安定するまでには紆余曲折がありました。

今、小学国語の教科書は、五社の教科書会社で作られていますが、昔話・民話はたいてい低学年で取り組まれています。掲載作品は、『かさこじぞう』『おおきなかぶ』『おむすびころりん』『ねずみのすもう』『うみのみずはなぜしょっぱい』など。

『かさこじぞう』と『おおきなかぶ』については、前者は暗い貧乏物語で、後者はロシアの民話で、もっとユニークで発想のすばらしいものが日本にはあるはずだ、といった批判・論争の時代を経て生き抜いてきたものです。

『かちかち山』『さるかにがっせん』は、残酷すぎるという理由で教科書には採用されていませんが、市販本でも結末を穏当なものに変えて出版されているものが多い状況です。ただ、教科書によっては、これら二作を、タイトルだけですが紹介しているところもあります。

幼稚園時代に読んだ「キンダーブック」
（フレーベル館、昭和 26、27 年発行）

見開きのカラフルな絵の中に、世界各国の昔話や童話の主人公が隠されていて、かれらを見つける取り組みはなかなか好評なようです。各社それぞれに、個性化を目指して健闘しています。

そんな中で、特に目を引かれたのは、低学年だけではなく六年生まで昔話と取り組んでいる教科書のあったことでした。中・高学年になると、だいたい『竹取物語』『源氏物語』などの〈物語〉の世界へと移行しますが、それと同時進行で、昔話を先生や大人に読んでもらって聞いて楽しむための時間が設けられています。収録作品は、『まのいいりょうし』『三まいのおふだ』『ばけくらべ』『額に柿の木』『見るなのざしき』『河鹿の屏風』など。学年が上がるにつれ、不思議の中にも現実を生きる上での約束ごとを含むものが多くなって、耳から受け取って心に留めることの重要性が示されています。

語られることによって生きつづけてきた昔話の、本質そのものといえるでしょう。

昔話を絶え間なく提供する取り組みは、私たちの生きている世界が、目に見える〈日常〉だけで成り立っているのではなく、見えなくても不思議な〈非日常〉の世界がすぐそばに存在していることを発信しつづけてくれます。

また昔話は、時代・場所・人物に関わりなく、信じられようと信じられまいと人々の心に生きつづけていますが、それは、世界のここかしこで、類似点を持つ昔話や民話が多く採集されていることと無関係ではないと思います。長い時間をかけて淘汰され生き残ってきた昔話は、人類の共有財産ともいうべきもので、そこには人が生きる上での知恵が詰まっています。

窮地に陥ったとき、どうするか。正攻法もあれば、とんちや駆け引き、少しばかりの嘘で切り抜ける話もあり、そんな多彩な昔話を知れば、子どもたちは心にたくさんの引き出しを持つことができます。困ったときには引き出しのどれかから、ヒントとなる言葉がひょっこり飛び出してくるでしょう。

小学校時代の愛読書、オールコット原作『若草物語』
（大日本雄弁会講談社、昭和27年発行）

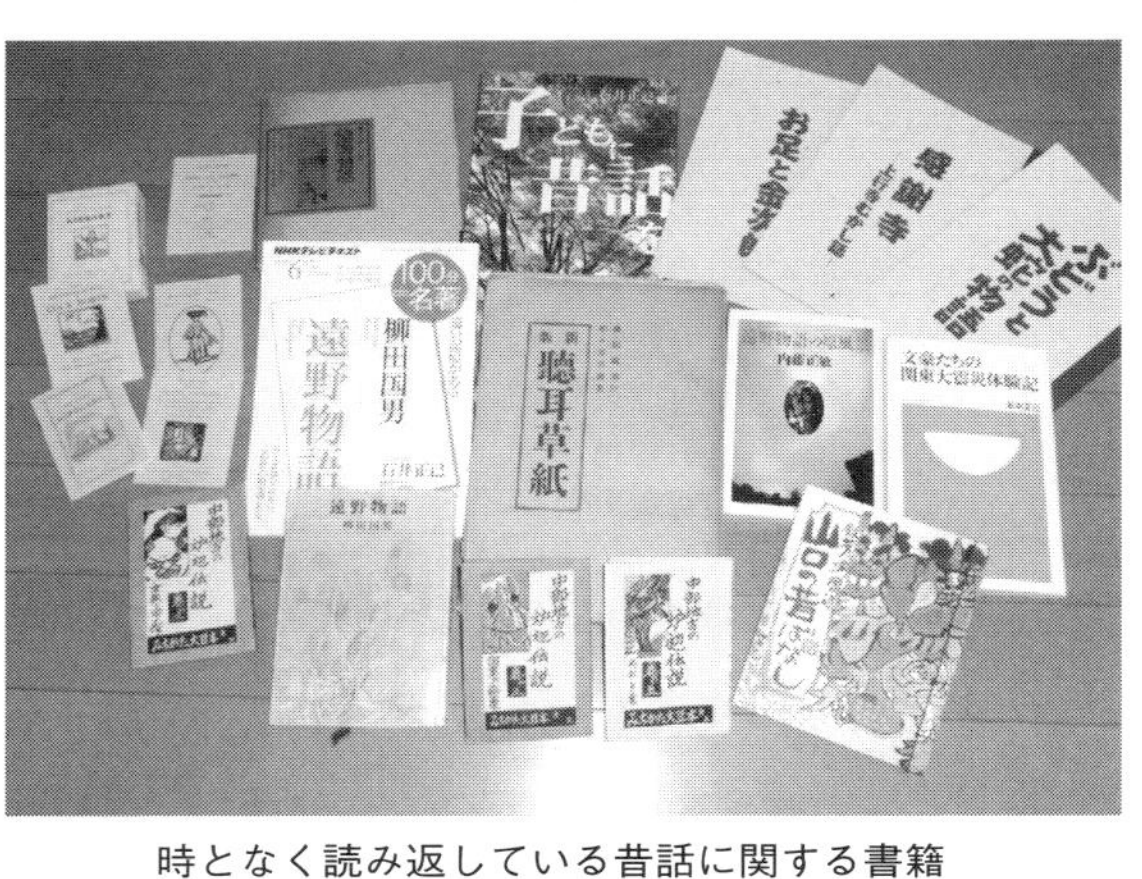

時となく読み返している昔話に関する書籍

神話を今に生かすには

神話に関しては、小学校では国語の教科書で、中学校では主に歴史の教科書で取り組まれています。

小学国語で収録されているのは、『いなばの白うさぎ』『やまたのおろち』『海さち山さち』など。説明の仕方に違いはありますが、全社ともに、〈物語〉の世界として位置づけています。

中学校の歴史の教科書には八社の教科書会社が参入。神話の位置づけは出版元によって異なります。

八社のうちの二社は、ただちに歴史的事実として扱うことはできないとしながらも、大和朝廷とのつながりを示唆するような神話を『古事記』から選出しています。

一方、六社の歴史教科書では、八世紀に歴史書として編まれたのは『古事記』『日本書紀』だけでなく、『出雲国風土記』『丹後国風土記』など地方の風土記類もあったこと、つまり、神話には異説のあることが述べられており、当時の人々のものの見方、考え方の違いをうかがい知ることができます。

しかし、いずれにしても、〈事実〉の記述を前提として編まれるはずの歴史の教科書の中に、〈物語〉の世界を持ちこめば混乱を招きかねず、神々の話はやはり国語が適しているのでは？——そんなことを考えているとき、『遠野物語』から、民間伝承の神の話を取り上げている中学校の国語教科書（一社）に出合いました。

昔話はあるがままの姿で

『遠野物語』は、佐々木喜善が、郷里である岩手県遠野の伝説・信仰・昔話を語り、それを柳田国男が書きとめて著した書（一九一〇年刊）です。

教科書では、里の神であるオクナイサマと山の神々の話が紹介されていますが、田植えを手伝う神もいれば、タブーを犯した人間に死を見舞う神もいて、神々の世界は多種多様です。

日本で神道が確立される以前の神々の住まう世界は、人々の生活圏と隣り合わせにあって、里の神や山の神のみならず、ヤマハハ、マヨイガ、妖怪など、たくさんの不思議と共存しています。

意図してたどり着けるところではないけれども、不意に呼ばれることのある世界。神々が常に正しいわけでもなければ、正直者がいつも報いられるわけでもなく、それでいて、犯してはならないタブーの厳然と存在する世界。そんな〈日常〉と〈非日常〉の混然一体となった、曖昧で一筋縄ではいかない奥深い世界のことを、柳田国男は〈異界〉と称していますが、ここに来て、はっと気づかされます。これは、小学国語で馴れ親しんできた昔話の世界そのものであり、不思議が連綿とつづいていることの証ではないか、と。

その上に、たった百年ほど前まで、日々の暮らしの中で異界を感じながら生きた人々が遠野に住んでいたという事実に戦慄を覚えないではいられません。昔でありながら、今の話です。

なかなか思いどおりには行かない人生で、人は、内に異界を抱えないではいられない、という現実。その重さを、人々の語り伝える言葉から感じとる力は、昔話や民話で間断なく育ってきた子どもたちにはすでに備わっていると思います。内なる異界と折り合いながら、多様な価値観の中から自分に合った道を探すとき、長年にわたって蓄えてきた心の引き出しが助けとなってくれるでしょう。

それだけに、今、子どもの本の世界で気がかりなこともあります。

古典を子ども向けにわかりやすく読み解く本の出版は以前からありますが、『遠野物語』にも同様の意図で刊行されたものがあります。そこでは、ヤマハハは鬼女のことだと断定され、その他の不思議な事象に対しても個人的見解が付されていて、曖昧模糊とした奥深い世界が薄らいでいます。わかりやすく、とはいえ、感性の自由を損なうような形では、子どもたちに手渡さない方がいいのではないでしょうか。会えるときが来れば、自然に会えるのが〈異界〉なのですから。

制約が厳しくなりつつある教科書の世界で懸命な取り組みがされている中、それを大事にするためにも、昔話は、あるがままの姿で次代に手渡されるようにと願っています。

第一部

昔話・教科書の歴史と現代

東京学芸大学　2016 年 11 月 19 日開催

しくなったから、種と、とりかえて、たべてしまいました。蟹わ、その種お、庭にまきましたが、それがはえて、だんだん、大きな木になりました。

そおして、柿がたくさんなって、うまそおにじゅくしました。ところえ、猿がきて、「私がとってあげよお」といって、木にのぼりましたが、じぶん

「第六課　猿と蟹　一」
『台湾教科用書国民読本　巻六』台湾総督府、1912 年

記念講演

「現代語り」の可能性―女性の視点から―

野村敬子

プロフィール
専門　口承文芸学
代表著書　『語りの廻廊―聴き耳の五十年』『雀の仇討』

一　「現代語り」とは

刺激的な言葉に会いました。「物理学の法則に過去と未来を区別するものはないのです。過去から未来に流れる時間は生命の中にしかないのでは。それはエントロピー増大の法則に逆らって生きようとするから発生するのです」と物理学者の橋本淳一郎氏が述べていました。エントロピーとは「秩序から乱雑さの無秩序に進む概念をさす」と言います。時間を巡る難しい理論ですが、「人間の生きる意志が時間の流れを作る」という言葉には、現代と未来を繋ぎ、それが過去に立ち戻る回路ともなる人間の生き方を記憶する口承文芸の生命を呼び覚まされるようでした。その口承文芸の一領域・昔話を聴くと人類が久しく持ち続けた精神の輪郭が意識化される営みとなります。その昔話は語り手の生命の時代性を透写する機能も併せ持ち、悠久の文化が常に新たな意志を纏う人間文化となり続けます。

本年（二〇一六）一〇月に東京学芸大学教授石井正己編『昔話を語り継ぎたい人に』（三弥井書店）が出版されました。記念すべき昔話当シリーズ一〇冊目です。当シリーズには平成の今日が抱いた多様な昔話の状況と人々の想いが記録されました。特に東北大震災や放射能禍に遭遇した体験者の言説が逸早く聴き取られており、充分とは言えないまでも如何なる歴史書にも顕わされていない言葉と心情に満ちた新たな人類記録となりました。未曽有の震災については歴史学が「震災遺産展『我暦 ガレキ 我歴』」において、モノ・バショを通して経験化しようと試みた明治大学博物館展示がありました。そこでは歴史時間が如何に、モノの心を表現し得るかの試練にも立ち会わされました。その展示に欠落した言葉の問題やガレキ・モノの心をモノガタリ時間に導く言語行動の在り方に気付かされます。学際的にも心情的にも、東北大震災における当代言語行動の行方は注目すべき課題に違いありません。平成という時代がまもなく貌を替えようとしていますが、当シリーズ各冊には平成昔話の軌跡として編者の眩しいばかりの情熱が記憶されました。或いは一方で不透明ながら、昔話の新しい光源を見極めようとする「現代語りの可能性」の旅立ちを意味する出版とも言えましょう。「現代語り」の特徴とは「語り・聴く人間関係の在り方への問いかけに発する意識的かつ自覚的な語り」を意味するものであると私は理解します。それはすなわち、「かつての民俗社会の昔話が共有した群れの無意識とは異なり、太平洋戦争後の日本人が身に着けた基本的人権をキーワードにする語り」と認識します。

その各一〇冊に喚起された「現代語り」の地平は広く、口承実践形式も多様です。ちなみに一〇冊目は語り継ぐ行為者にと呼び掛け、巻頭にブルガリア昔話研究者の言葉を載せ、昔話の視野も世界に及びます。また山形県新庄市の「みちのく民話まつり30周年記念大会」を収録して昔話の今、此処、単なる実践や話術を越えた昔話の思想記録としています。振り返って昭和時代の昔話収集分類研究は資料の標本化・形態化の道を辿りましたが、「現代語り」は昔話に新たな有機的表現世界を呼び覚ますようです。私も参加した新庄市で想いを強く致しましたのは、記念事業運営活動をする女性達の耀き、彼女たちが獲得している社会性の見事さでした。山形県立新庄南高校在学中の私が弁論大会に「女性の地位を反省する」という題で参加した昭和三〇年代の記憶が甦りました。昭和期の女性たちが夢にしたのは、台所生活改善、家庭科男女履修運動などに象徴される旧弊からの意識解放でした。国際家族年でうたった「家庭の全てのメンバーの自由と権利を尊重する意識」に思いが至ります。平成の自覚的な昔話継承活動が推進したものは、女性の立場や地位の覚醒、地域社会における女性文化向上そのものと認識しました。その意味からも当シリーズの特徴は「現代語り」が伸びやかで内発的な女性の力量を顕在化した、確然たる女性史を俯瞰できることです。

二　昔話とは「語り・聴く」文芸

ところで本日のテーマは「教科書と昔話」です。二〇〇八年度学習指導要領改訂により設置されている「伝統的な言語文化と国語の特質に関する事項」との関連から、学校教育における「伝統・口承文芸」は注目すべき課題です。この講演に先立って、在住の東京都江戸川区の小学校で国語教科書を見せて頂きました。教育出版の教科書『ひろがる　ことば』でしたが、そこでは「昔話や神話をたのしむ」読む・聴く学習の目的が示されています。昔話は①日本・外国昔話絵本の表紙が一覧できる頁、②代表的な場面を描いた見開き頁がみられましたが、前年度教科書には①が無く、②は普通頁でした。昔話が前年度の教科書より絵本教材に傾き、「読む・視る・聴く」に固定された状況にあるようでした。江戸川区は「読書科」を置く事情からの選択肢と考えられます。しかし昔話や神話は基本的に「語り・聴く」文芸として位置付けることが第一義です。ここでは絵本教材に頼らない実践が必要となります。先に述べた自覚的な語り手の「現代語り」こそは「聴く文芸」の実践に大きな力になり得るに違いありません。現に江戸川区鹿本小学校（坂口幸恵校長）では語り手を招いて「語り・聴く」体験学習も行われています。

教科書で注意すべきは作家による昔話再話教材です。再話は作家の思想が内蔵された個人的記載文学であり、昔話を素材にしていても指導要綱が示す口承文芸には該当しないのです。昔話とは固有の作家を持たず、悠久の歳月に磨き込まれた「人類における公共の叡智」であると認識したいものです。対面文芸として「語り・聴く」肉声による経験を体得する学びによってのみ、その伝統的無形文化との出会いが叶えられるのです。

教科書における昔話とは何か。絵本教材に比重をかけると固定的な絵画イメージにも連動します。真に自由な本来的な昔話とは何か。改めて問うてみたくなりました。その昔話を巡る一方法として、極めて逆説的になりますが、教科書の恩恵に預からなかった方々の昔話を聴くことに致しました。山形県には「昭和九年ケガチ・飢饉の年」という言葉が今も残っていますが、飢饉で作物が実らず、子どもは命を長らえる工夫として少しでも食べ物のある家に預けられました。結果的にそうした子ども達は学校に通う機会を失い、教科書とは無縁に成長されたことになります。ご協力いただいたお三方はそれぞれ識字体験を持たず、民俗社会を出ることなく暮らしました。生活文化に根差す先人たちの昔話を数多く記憶して地域の言葉で語り継ぐ、純粋な口承の語り手ということになります。その方々の昔話動態から「教科書における昔話」の位相を照射することが出来るかもしれません。

すなわち本来耳で聴いた民俗的言語による融通無碍な昔話に対して、教科書は教育的なふるまい・選択をした文字・挿絵なども介在させた特有の磁場を確立して読む、視る、聴く昔話に置き換えられています。教科書昔話は後世の昔話伝承にも多様な影響を与え続けている事情も知るところです。現状に潜む差異の発見は両者の比較において生み出されます。しかしこのテーマは机上の空論で扱うことはできません。私は「現代語り」の典型「町おこし」の語り手たちのご理解のもとに、継続的な聴き取りを実践させて頂きました。今年で二八年間の対面調査ですが、皆さまのご協力のもと、はじめて報告を申し上げることが出来ます。ここで私は平成元年以来出会いを続けている山形県最上（もがみ）郡真室川（まむろがわ）町「民話の会」の語り手キミ子さん、キクエさん、市子さんにご協力いただきました。

三　教育的ではない昔話

キミ子さんたちと出会いは平成の「町おこし」でした。私事を申し上げることになりますが、故郷で昭和三〇年代から昔話定位置観察をしている旧町民の私に「ふるさとで誇れるものは何か」という真室川町役場からの問いかけがありました。「誇り得る」「昔話による町おこし」を提案しました。その基本はそれまで持続した民俗社会の拘束や規範を超えて、「選挙権と同じように全町民が平等な語りの権利を発見して、新しい町民口承文芸を見出そう」と致しました。提案は一部採択されて、真室川独自の「町おこし」へと向かいました。語りの場の動態ビデオ記録を基本とし、町民編集委員会が聴き手となり、『真室川町の昔話』一～六（真室川町教育委員会、一九九一～三年）を発行し、小学校児童生徒と手作り紙芝居まつり実践等の事業が行なわれました。本稿にご協力頂いた差首鍋（さすなべ）地区の皆さんは、そうした自覚的な「町おこしの現代の語り手」として活躍されている方々です。

教科書に恩恵を受けなかったキミ子さん、キクエさんの二人は重要な正月語りとして、古風な異常誕生譚を語っています。江戸時代『桃太郎昔語』に通う回春型の昔話を伝えます。この回春型は少数派で、これまで昔話分類資料集にも見られないものです。学校教育と無縁であった彼女たちだけが共有する語りで、当地正月語りと言えばこの豊穣なムカシであったそうです。キミ子さんの場合、幼児期の慶応生まれであった孫婆さま・曽祖母が語っていた記憶を後々まで維持した一話と知られます。それは正月に語りが何故行われたかを証明する大切な証でしょうか。京都府相楽郡涌出の宮神社でも正月神楽座で艶話が行われ、回春型の昔話「一寸法師」や「桃太郎」が語られていたのを思い出します。しかし回春型は教育的でないと、現在は彼女たち以外語る人は居ません。

資料1　キミ子さんの「野郎こ　むがし」（回春型昔話）

　むがしあったけどな。子欲しいたて子の出来ね爺と婆がいだけど。秋仕事終わって、正月きて、ほれ、正月二日の若木迎えになった。この日は山さ行って、誰彼無えぐ、何処の家の山さ入っても良い。えっぺ若木迎えて背中えっぺの薪ば持ってきて良いな。爺出がけで「婆。こんげえっぺ迎えてきた。囲炉裏さへって乾かすながら燃やすべ。」て、雪の中ば背中いっぱいの若木背負って帰ってきたじゅお。「まず。たいしたもんだじゃ。早ぐ、火さあたれ。」婆、大喜びでな。ほして二人して「神様。おらだ、貧乏で、ぶじょほばりすっとも。若木だば、たんと燃やすえじゃ。」ほれ、ほれ、えっぺどんどん燃やしてあたった。正月神様さ火のご馳走てな。何よりだっていうもんだお。してよ。火の側であたってるうち、爺の白髪頭、真黒くなった。皺も伸びて。「あれあれ、爺さま。おめの頭、黒くなったんねが。」「おや。婆さま。おめの顔の皺ひとつも無いんねがや、おやおやっと。髪の毛も黒くなって。姉様に戻ってきたじゃ。」二人はすっかど若返って、たまげでよは。ほして二人して「おらだ、せっかく若返ったもの、子供でもつくっか。」と子ども作るこどにした。ほしてな。爺も婆も若返ったもんで、まあ、働く働く、そのうち二人にめんこい赤子授かってまず、幸せになった。ほしてな、男やろこだけ。男やろこはズンズンどおがった。ほしてたちまち、良い兄さんになって、稼いでな、野さ火つけて土起して畑じゅもの作って、大根蕪作って、フダフダど食えるようにして呉ったけど。爺は山稼ぎばりで畑じゃ知らねがったべ。親子三人何も不自由なく楽々くらしたけど。爺婆、若木迎えの神様のおかげで、楽々と暮らしたど。んだはげ、若木迎えの火焚きじゃ今も大事にすんなだど。どんぺからこ　ねけど。

この一話は昔話の原形のように素朴な構造が特徴です。この昔話に興味深い現象が観察されます。集落で唯一尋常高等小学校に進んだ女子の高橋シゲ子さんは「ほゆごと語ったら先生にごしゃがれるべ（叱られるだろう）」と、回春型を教育的ではない昔話として回避し、「若木迎えに行ったら山に子供が居て拾ってきた」と、後述「胡瓜姫ご」と同じような語り口を生み出しています。加えて男子生徒は学校で語った派生譚を記憶しているのです。即ち「主人公の異常誕生の童子は成長し、畑を作っているうちに広い世間を見に行くことになり、途中鬼や化け物退治をしてさらわれた娘を助け、ご褒美を沢山もらって帰って爺と婆を喜ばせた。どんぺからこ」と語るものです。これは教科書の「桃太郎」「一寸法師」に通うものです。当時、先生が授業で昔話を語り、生徒にも語らせたそうですが、標準語教育の一環であったようです。生徒たちは先生が語った「いじこ太郎左衛門」「岩見重太郎」などを聴いて、「野郎こ　むがし」の単調な内容に飽き足らず、英雄譚を派生させたということです。昭和一五年（一九四〇）当時、シゲ子さんたちは分校で四年学び、それから二年間安楽城（あらき）本校に通いました。本校まで四キロ余りの道を通う時間は、先生の語りを反芻したり、標準語で自分が語るものを工夫したり、創造的な語り空間になっていたようです。回春型を訂正し、教科書に習い英雄譚を派生させた結果、次第にそれが主流になった様子も観察されます。標準語教育の途上に昔話が意識化された事情も注目したいものです。

小学校の昔話について、『ざっと昔』（馬場富子編、私家版、一九八六年）で、編者が福島県相馬の小学校教員としてダルトンプランの昔話実践教育をされたと記しています。大正一三年（一九二四）ダルトンプランのヘレン・パーカーストを迎えた教育界は仙台、福島でも実践活動を行った記録があります。その影響は東北各地に及び、昭和時代に至っても馬場富子教諭は毎日授業で昔話を語るため、放課後には地域社会の年配者を訪ねて聴き歩いたということです。

佐々木達司編著『津軽の民話　落穂拾い』八号で「東通村の桃太郎」を紹介して、「握り飯が後半でキビ団子に変わる。伝承と教科書の話の混同か」と指摘されています。教科書による学校の昔話が地域社会伝承に刺激を与える相互事情は、各地に見られたものと知られます。

四　標準語教育での昔話

差首鍋尋常小学校の標準語教育が残した昔話に「黄金の殿様」があります。昭和四〇年代の採訪でも対面者の全てが承知していた、通学の有無にかかわらず記憶された特異な一話です。

資料　キクエさんの語る「黄金の殿様」

むかし。あるとこに大変金、ビカビカのよ、好きな殿様がござったど。ある日、山の神様に願掛けをしたけどお。「山神様。どうか、俺が手で触るもの触るもの、ベロット金になるようにしてけろや。叶ったらば立派な鳥居だの、お宮ば作りあんす。」そんで次の日の朝んまなってよ、顔洗って、つさぬげ（手拭）絞ったればよ、ほれヒカヒカどつさぬげ光ったけど。「これあ、金だ。」大喜びでな。何でもかんでも手でさわると金にしてホクホクだけど。ほこさな、一〇歳にもならないよだ御姫様が「お父上おはようございます。」て、来たべちゃな。めんごがって（かわいがって）いたもんで、「めご。めご。アーン。」って抱き上げげたら、御姫様がコンコンどいう金になってしまった。

殿様、後悔したべ。涙を出して、うんと泣いたどは。ほして「山の神様。おら間違ってたんだ。」って、謝ったけど。その涙を見た山の神様「わがったが。」て、御姫様を元のようにしてくったど。金になった品物も元さもどったじゅうごんだ。あんまり欲ばたがると困ることが出るもんだってよ。どんぺからっこ。

キクエさんキミ子さんは「問いかけと返事」に特有の（音楽的に五度程度・声の違いか？）調子を持つ当地最後の注目すべき語り手です。当昔話は学校に行ったシゲ子さんから聞いたと伝承記憶を辿っておら

失　益　鐵　倉

マレニ、命ヲ失フ。アヤフキ仕事ナレド、利益モ　マタ、少カラズ。

鑛山ニハ、鐵坑、石坑、石炭坑、金銀坑ナド、イロ〳〵アレド、其ノ様子ハ、大ガイ、似ヨリタルモノナリ。

第十八課　手が　さはると　黄金（上）

昔、或國に、黄金(オーゴン)ずきの王が　ありました。黄金で　こしらへた　器物類を、多く　集めて、倉に　をさめ、折々、それを見るのをば、第一の樂みとなされました。

此の王に、ことし五つになる王女が　ありました。王は、王女を　ちょーあいの餘り、どうか、黄金を、山

図１『国語読本　尋常小学校　巻六』

れます。昔話のルーツは東京からきた近所の西川金鉱山で働く技師さんでした。東京弁を使う年配の技師さんが、学校に来て標準語の勉強時間にお話をしてくれたそうです。「黄金の殿様」は技師さんが学校で習った話ということで殊更に注目を集め、学校を知らない子どもたちの憧れを集めたそうです。また金鉱の村には黄金に関わる特有の耳の冴えが伝聞事情に定着していたもののようです。

それらしき教科書が残っていました。この一話は坪内雄蔵が作った教科書に見られる『国語読本　尋常小学校　巻六』「手がさはると黄金」と同じであることに気付きます（図1）。この教科書は明治三三年（一九〇〇）に冨山房から出版されましたが、三年後に国定教科書が出来て姿を消しています。それはギリシャの「キング・ミダス」の日本語訳と知られます。教科書と縁の薄いこの集落で、明治期の教材になっている外国昔話

が遠来の人物によって、村民の多くに周知されていることに驚きます。

興味深いことに、市子さんは『さくべえ帖』という記憶帖をお持ちでした。未知との出会いに、これは覚えられないと思った時の神頼みの一冊、ご自分だけが判じる記憶帖が『さくべえ帖』でした。町の宿屋に手伝いに行った時、「梅の間に持っていって」と頼まれ、漸く探し出し『さくべえ帖』に記録しました。何と書いたかを問いましたら、「串団子が、んめーがったのでその絵を描いた」ということでした。発音どおり「梅」は「んめー」であったのです。市子さんは記憶力の優れた方ですが、記憶にもレベルがあり、最も重要なことは頭の中に入れ、二番手のものを『さくべえ帖』に描くのだそうです。日本昔話は全て頭の中とか。市子さんに限らず『さくべえ帖』は当地の方々に良く知られた名称らしく、佐藤陸三安楽城郵便局長の遺品に『民話さくべえ帖』一冊が残っており、名称由来譚まで記されていました。

五　教科書の挿絵について

「真室川の昔話を絵本にする会」（遠田且子会長）が市子さんの昔話を聴き取って絵本『きゅうりひめご』（二〇一五年）を出版しました。全国的に盛んな読み聞かせ活動の中で、「真室川の昔話」が読み手の大人たちにもアクティブに継承されることを願っての出版でした。当出版に私も監修者として関わりましたが、資金はクラウドファンディングで日本各地の多くの方々のご厚志を頂きました。市子さんは純粋に口承の方です。市子さんが語る「胡瓜姫ご」は「異常誕生譚」「小さ子譚」の一つですが、学問的には「瓜子織姫」の少数派の類話と分類され、副次的に扱われてきました。「胡瓜姫ご」は、これまで教科書や子ども絵本、アニメに登場した例はありません。

胡瓜から小さな女の子が生まれる市子さんの伝承世界を聴き取り、語り口のまま絵にした時に、教科書や絵本に表現された世界と全く異なる絵姿に出会いました。主人公は当地特有の耀く丸いシベリア胡瓜から生まれます。北胡瓜・シベリア胡瓜は昭和時代まで栽培された丸型品種で、熟すと黄色く色が変わります。シベリア胡瓜は古く北海道から東北にかけて栽培され、真室川など山形県最上郡が栽培南限に当たるそうです。地球温暖化現象などで現在では殆ど目にすることの無いシベリア胡瓜です。是非絵姿で後世に伝えたいと出版しました。

資料　市子さんの「胡瓜姫ご」冒頭

むがし　あったけど。爺さまと婆さまがいでな、婆さまは機織り上手だったど。ある夏の朝のことよ。婆さま「今日は朝から、いきて（暑い）。胡瓜もみでも食うべが。」爺さま畑さ行くようでな。「種胡瓜さ紐こ結うっつけてあるさげ、それはもいでくるな。」て、爺さま言ったど。爺さま、裏の畑さ行って「婆さまが、もぐなって言ったのはどれだべ。」と見ていうと、朝日だがなんだか光るものあっけじゅお。「朝日だがなんだが光るもんだ。」と見ていたあ、縄ついた胡瓜の根元がピカッツと光ったって。爺さまただごとじゃねて、つけ根をそうと切ってみたあ、ちっちゃい赤ご、キュンと出てきたど。「ああら、これまた、えがった。」爺さま喜んで、赤ご手のへらで、かかえで、家さ帰ったど。「婆さま、婆さま。もぐなて言われた胡瓜切ってみたら、赤ご生まれてきたっけ。ほれ、桃太郎みだだな、めっちゃこいおぼこよ。あげ着物こ着てよ。いだけどや。」そしたら婆さ

図２　着物を着て生まれた主人公

ま大喜びして「ほりゃ、えがったちゃ。まず、名前付けねばな。だれと付けるべ。」「胡瓜から生まれたさげ、胡瓜姫ごが一番いいべ。」て二人で語ったど。

ここは光る種胡瓜から主人公が出現し、名付けまでを語る場面ですが、語り手が指示したその主人公出現の絵姿に注目しました（図2）。市子さん、キクエさん、キミ子さんにも共通のイメージで、「流れてきた桃から生れた野郎こ・桃太郎みたいな」着物を着た主人公の姿が印象付けられているのです。絵本にはその桃太郎と同じく、「黄色を帯びた丸い輝く畑の胡瓜から、赤い着物をきた主人公が出現した場面」が語り手の指示で描かれています。すなわち植物から誕生・出現する時に衣類を身につけていることが重要になります。加えて「桃太郎」も同じく着衣で桃から出現するイメージであると知られます。桃太郎が古く衣を纏う誕生姿については気比神宮の欄間彫刻などに例がありますが、キミ子さんたちがイメージする桃太郎もまた着衣の誕生です。教科書で目に馴染んだ裸の桃太郎ではありません。

教科書と関わらなかった彼女たちなればこそ、幼児体験の昔話が保有した主人公の印象を今に伝えているようです。桃太郎と同じく「胡瓜姫ご」は『竹取物語絵巻』などに描かれた小さ子出現とも同じ絵姿となって爺の腕の中に抱き取られ輝いています。注目すべきは市子さんたちの「桃太郎」誕生も「胡瓜姫ご」も同じという認識です。

その認識は何処からきたものでしょうか。教科書にある「桃太郎」の挿絵は彼女たちのイメージと異なり、桃から裸で現れるものばかりです。国際子ども図書館で、明治以来小学校教科書の絵姿を辿って見ましたが、着衣の「桃太郎」誕生の絵姿は一つとして見られませんでした。

それでは教科書以前の「桃太郎」誕生図は如何でしょう。先に引いた日本最古の桃太郎彫刻があったという福井県敦賀市の気比神宮に行ってみました。そこでは市子さんのイメージに通うものに出会いました。慶長一九年(一六一四)に藩主が寄進したという、気比神宮欄間彫刻は「桃太郎」であると志田義秀博士は指摘しています。その彫刻は太平洋戦争で焼失してしまいましたが、神宮から紀元二千六百年記念絵葉書をいただいて帰りました。その写真には桃の中に着衣の桃太郎が立つ彫像がありました。気比神宮社務所では桃の中に立つ、神衣の桃太郎人形が売られていました。着衣誕生は『竹取物語絵巻』にも通う古層ということになりましょう。また歴史民俗博物館で収蔵する江戸時代初期に描かれたという『桃太郎絵巻』を見せていただきました。ここには爺婆が見ている前に、着衣の主人公が桃の実から現れる場面が描かれているのです(図3)。しかも、そこに描かれた江戸時代の桃の実は小さく、桃太郎も小さい着衣の誕生姿です。

図３　『桃太郎絵巻』の誕生図

中

ト イッテ、ヨロコビマシタ。
オバアサン ガ、モ
モ ヲ キラウ ト
シマシタ。スルト、
モモ ガ ニツ ニ
ワレテ、中 カラ 大キ
ナ ヲトコノコ ガ ウマレマシタ。

五十七

図５　国定教科書桃太郎

図４　果生型桃太郎

図６　中国絵本

図７　植民地時代の国語教科書より

『近世子どもの絵本集』（岩波書店、一九八五年）に収められる江戸篇の『桃太郎昔語』（西村重信図）に、描かれた桃を見ますと教科書のように大きくありません。これは爺婆が桃を食べて若返るという回春型で、産婆が生まれ児を洗っている産室図が定番です。国定教科書に描かれた果生型は『赤本再興桃太郎』など江戸絵本に源泉があるようです。『絵本あつめ草』には、既に女子を持つが、男子を望んで祈願する夫婦に神功皇后が「おおきなもも」を授け、桃から直接手足が生えた果生型桃太郎が描かれています（図４）。

これらには女子よりも男子、男子優先思想が明白に表現されています。力太郎系裸の桃太郎図は江戸期絵本に多様に見られ、それら「女子よりも男子」の思想を明治期の巌谷小波『日本昔噺』「桃太郎」（一八九四年）で受継ぎ、教科書も同様の男子優先思想を尊ぶ図を存続させていきます。更に大きな桃から誕生する挿絵は明快に描かれる国定教科書によって、全国画一的な昔話記憶となる様子も観察されます（図５）。その影響でしょうか、ジェンダーの視点で注目すべきは「瓜子織姫」が桃太郎と同じ裸形で誕生を描く挿絵が出てきたことです。例えば、くもん出版「瓜子織姫」にはその顕著な姿を知るところです（『子どもとよむ日本の昔ばなし 15 うりひめこ』小沢俊夫・山口祥子文、大高郁子絵、くもん出版、二〇〇六年）。

ちなみに国定教科書の大きな桃の裸の桃太郎絵姿は植民地時代の台湾、中国でも人々に強く印象付けられています。中国遼寧省で開催された「第二回世界民間故事学会」で聴いた話では、「中国の昔話に卵から生まれる主人公「蛋生」があるが、その絵姿が桃太郎の影響を受けている」「蓮の実から誕生する主人公は昔、身に着けるものがあったが、桃太郎の影響で裸になった」とか、国定教科書の絵姿の影響は久しく取沙汰されていました（図6）。植民地時代の教科書の大きな桃については伊藤龍平さんの「台湾統治と昔話」で台湾の教科書でも視覚にうったえる挿絵の昔話教育がなされたという報告があります（図7）。注意すべきは現代の教科書にも、その影響が残っていることでしょう。先に引いた教育出版の「おはなしの　くに」の頁には流れ寄る大きな桃が描かれています。「小さ子譚」の桃が国定教科書、植民地時代教育などの男児優先のイメージを纏った大きな桃・絵姿として、何故、現代の教科書に描かれなければならないのでしょう。

六　古層への回帰――まとめに代えて

昔話の絵姿に関わって、市子さんたちが語る「胡瓜姫ご」のアマンジャクにも注目しました。キミ子さん、キクエさんも機織りをまねるアマンジャクは蓑虫・鬼の子を想定しています。蓑虫は糸に下がって寄ってくる山から訪れる不思議な生き物です。遊びにも取り入れて、「アマンジャク今日はどっち？」と右左を指差す手遊びがあります。「胡瓜姫ご」が機織る特性と、蓑虫を糸操る山の精霊として昔話に登場させる、山の子どもの目に驚かされます。蓑虫は可愛らしい鬼の子を想定しています。

蓑虫はある日、パッと巣が割れて一斉に幼虫が糸の風に乗ります。その一瞬の煌めきの美しさを知る、山の子どもならではの命名だったのでしょう。福音館書店『うりひめこ』のあまんじゃくは鬼神のような形相です。子育て中の方に最も不人気な本はアマンジャクの絵があるという日本口承文芸学会での藤井倫明さんの報告もあります。

市子さんが蓑虫を鬼の子・アマンジャクに見立てている伝承心意の古層は遠い文芸記憶に連動します。清少納言は『枕草子』で「みのむし、いとあはれなり。鬼の生みたりければ、親に似てこれもおそろしき心あらんとて、親のあやしききぬひき着せて、『いま秋風吹かむをりぞ来んとする。まてよ』といひおきて、にげていにけるも知らず、風の音を聞き知りて、八月ばかりになれば、『ちちよ、ちちよ』とはかなげに鳴く、いみじうあはれなり」（「虫は」の段）と記しています。山里の語り手たちの観察眼は平安文学と通う、生きとし生ける命に共感する文芸の古層を有しているのです。一事が万事、教科書の恩恵に預からなかった語り手たちからは、自由で伸びやかな伝承世界を聴く感動をいただきました。また同時に、教科書の挿絵がその後の昔話に強い固定観念を与えていることを知ります。これらからも私は昔話のイメージ解放を考えるところとなりました。古くからの教科書資料を紐どけば遠い時代から伝承されてきた公共の知としての昔話が、日本の教育が始まって以来、文字や漢字、国語を習得するために、あるいは『尋常小学修身書　巻二』「ナマケルナ」の「兎と亀」のような道徳、「隣りの爺型」は善悪を認識する（良い爺・悪い爺など）ために格好の教材として扱われています。昔話が昔話として文芸的立場を与えられていなかったことを再確認します。

最後に極端なことを言わせて頂くと、私は小学校低学年教科書に挿絵の入った昔話教材、作家による昔話再話作品は不要だと思っています。もし教材に昔話を求めるとしたら、冒頭にも書きましたように、対面文芸として語り・聴く体験を不可欠なものと、再吟味すべきだと思っています。

「教科書に代表される標準語の文体などは全く血が通っていない日本語である。教科書に安易に昔話がとりいれられたことにより、日本の昔話は民衆の伝統から切りさかれて、いたずらにむくろをさらすだけになってしまったと思っている。」と松居直著『絵本とは何か』（日本エディタースクール出版部、一九七三年）でも記しています。学習指導要領は本来の伝え聴く口承文芸の昔話教材研究にも取り組む切要をと願っています。そこでは新たな開かれた文化装置として、学校による「現代の語り手」実践活動の活性化する時に至ったと言えましょう。学童の聴く耳の育成に、地域社会の力を投入する本格的なカリキュラムも考えたいものです。語り手による聴覚文芸としての処遇を与えて、「現代語りの可能性」を顕在化していくことを提唱いたします。教科書の中に無形文化として、子ども自身が自由なイメージを立ち上げる、聴く昔話を導入することを求めます。一方で高学年の教科書に、そろそろ口承文芸学、昔話学の叡智を盛り込む時が来ているのではないでしょうか。学会が活動を始めて既に久しく、高学年の教材に学問の研ぎ出した昔話の原理を理論提示することも考えたいものです。子ども達が昔話を語るイベントの何十年続く風土はあっても、その研究を志す生徒を育てようという試みからは遠い現実にあります。教科書は未知への扉を開く昔話の学際的問題にも目を向けるべきでしょう。低学年で「昔話や神話をたのしむ」と導入された教材ですが、高学年では、学びを深化させることも課題であると考えます。

参考文献

・石井正己編著シリーズ『子どもに昔話を！』『昔話を語る女性たち』『昔話と絵本』『昔話を愛する人々へ』『昔話に学ぶ環境』『児童文学と昔話』『震災と語り』『子守唄と民話』『震災と民話』『昔話を語り継ぎたい人に』三弥井書店、二〇〇七〜一六年。

・稲田和子・筒井悦子『子どもに語る日本の昔話 1』こぐま社、一九九五年。

・小沢俊夫・山口祥子文 大高郁子絵『子どもとよむ日本の昔ばなし 15』くもん出版、二〇〇六年。

・とおだはる文 さとうなつき絵『きゅうりひめご』真室川の昔話を絵本にする会、二〇一五年。

・野村敬子『語りの廻廊―聴き耳の五十年』瑞木書房、二〇〇八年。

・野村敬子「山の昔話再考 キクエさん キミ子さんの語り」『あしなか』二八六、二〇〇九年。

・野村敬子『女性と昔話』岩田書院、二〇一七年。

・パーカスト 赤井米吉訳『ドルトン・プランの教育』明治書院、一九七四年。

・真室川町の昔話編集委員会『真室川町の昔話』Ⅲ・Ⅳ、真室川町教育委員会、一九九二年。

基調講演

海を渡った日本の昔話

―植民地と移民地の教科書―

石井正己

プロフィール
所属　東京学芸大学教授
専門　日本文学
代表著書『遠野物語の誕生』『テクストとしての柳田国男』

一　昔話が置かれてきた歴史と課題

ご存じのように、野村敬子さんは長い間口頭伝承としての昔話に接してきて、無文字の語り手たちの力強さを生で感じてこられました。今、若い研究者たちは語りの現場も知らずに、テキストを読んで昔話を研究しています。昔話の本質が〈語り・聞く〉という言語空間に生まれる対面文芸だとおっしゃいましたが、まさにその通りです。その言語空間にある言葉は、やはりその地域の言葉です。

今、センター試験には英語のリスニングがあって、英語を〈聞く力〉が測定されます。かつて秋田で昔話のシンポジウムをしたとき、「地域づくりを考えるならば、秋田大学の入試に秋田弁のリスニングを採り入れたらどうか」とお話ししたことがあります。英語だけでなく、自分が暮らしている土地の伝統的な言葉を〈聞く力〉を育てることの認識を深める必要があります。地域の個性は言葉に表れるからです。

考えてみると、最も豊かに地域の言葉を伝えてきたのは昔話です。東日本大震災があってから、なぜ昔話が必要なのかということを深く考えるようになりました。人々の絆を作るのが地域の言葉であることも明確になりました。井上ひさしの『花石物語』（文藝春秋、一九八〇年）には、吃音に悩む主人公が烏賊裂きの女性の〈語り・聞く〉昔話に癒やされますが、あの場面にはそれがよく示されています。

しかし、教育の現場にいる先生は口承文芸にまったく関心がありません。野村さんの今のお話を聞いても、国語科教育の先生はどうしてよいか、とまどうはずです。日本にも無文字で伝える世界がまだあったのかと驚くだけかもしれません。でも、私たちの〈話す・聞く〉という言語空間は、今も無文字の世界にあります。今日のお話を受けて、教育の世界に新たな提言ができればいいなと思います。

今日は昔話と教科書の問題を取り上げていきます。近代社会になって教科書ができましたが、教科書は国民や国家を作る重要なシステムであり、昔話は入門期の教材として位置づけられてきました。日本では絵本化が早くて、江戸時代の赤本から始まって、明治時代の縮緬本や昭和時代の講談社の絵本があり、絵本大国と言っていいでしょう。その題材の主要なところに昔話が位置づけられてきたことは確かで、教科書もそうした出版文化の中にあります。

この三百年ほどは、野村さんの言われる口頭伝承がありながらも、この国では昔話が出版文化と付き合ってきました。そうした関係を総合的に見直す必要があると思います。そのためにも、昔話が置かれてきた歴史を認識する必要があると思うのです。例えば、教科書に載る「桃太郎」や「猿蟹合戦」を私たちは先入観で見ていないかどうか、考えてみる必要があります。教科書自体がそう単純ではありませんので、今日はそのことをお話ししてみます。

二　教科書によって拡大する帝国日本

今日は「海を渡った日本の昔話」という題目にしました。帝国日本は国定国語教科書を編纂するとともに、アジアの植民地やアメリカの移民地で国語や日本語の教科書を編纂しました。それらの教科書は大事な教材として昔話を採択してきたのです。この間、このフォーラムは、植民地をめぐる問題について、昔話の調査に始まり、さらに教科書に展開してきました。

かつて帝国日本は、日清戦争後は台湾、日露戦争後は朝鮮半島を支配し、第一次世界大戦後は南洋群島を委任統治し、満洲事変後は満洲国という傀儡国家をつくりました。そして、太平洋戦争・第二次世界大戦では大東亜共栄圏の名のもとに、インドネシアやシンガポール・ビルマにまで領土を拡大しようとしました。そして、それぞれの地域で国語や日本語の教科書を編纂したのです。

実は、こうした戦争の歩みと、帝国日本の国定国語教科書の編纂は密接に絡んでいて、戦争と関わりながら教科書を改訂してきたところがあります。明治時代の終わりから昭和の前半まで五期にわたって国定国語教科書を編纂しました。そういう教科書がアジアに住む日本人の子どもたちに送られただけでなく、各地域の実情に即した教科書を編纂して、子どもたちに与えたのです。帝国日本が教科書編纂に注いだ情熱は驚嘆に値します。

また一方では、アジアに向かうだけではなく、日本人はアメリカに向かいました。明治時代の始まりとともにハワイに行き、さらに北アメリカのカリフォルニアやシアトル、南アメイカのブラジルやペルー、そういったところにたくさんの移民が行きました。そこでまた、移民に行った日本人の子どもたちのための日本語の教科書を編纂するわけです。

こうした植民地や移民地の国語や日本語の教科書については、大学院の学生と教科書教材のデータベースを作成しながら研究を続けてきました。その成果は、『時の扉』という手作りの冊子で発表しています。そうした地道な積み重ねによって、だいたいアジアとアメリカの教科書が見渡せるようになってきました。

教科書には、いわゆる教授書や教授参考書があって、これらの多くが散佚しているためになかなか全容がつかめないのですが、それらを読むと、「日本精神」「日本人の持つ感情」や「国民性」「国民道徳」というような決まり文句が見えます。これによって、植民地の子どもたちだけでなく、移民地の日本人の子どもたちまで同化することで、帝国日本の精神を拡大していくわけです。

その際の方法として、国定国語教科書の教材をそのままコピーしたり、実情に応じて加工したりして、各地の教科書に採択したことが指摘できます。そうした教科書編纂の方法によって、帝国日本は海外に拡大していったのです。昔話で言えば、アジアの植民地で暮らす地域の子どもたちに「桃太郎」が示され、アメリカの移民地で生まれた日系の子どもたちに「猿と蟹」が示されるといった具合です。そのようにして日本人が作られていくシステムの中に昔話は組み込まれていったのです。

今回作成した「昔話教材一覧」について細かく説明することはできませんが、文末に資料として載せておきます。五大昔話のうち「かちかち山」は少ないのですが、「桃太郎」「舌切り雀」「猿蟹合戦」「花咲か爺」はよく出てきます。『御伽草子』に見られる「一寸法師」「浦島太郎」も人気があります。こうした教材は植民地や移民地に広がって、均一な日本を作るのに一役買ったはずです。

一方、植民地や移民地の教科書では、その地域の神話や昔話・伝説も教材化されています。その背景には日本語の習得という課題があり、地元に取材した親しみやすい題材であることによって、円滑な言語教育を図ろうとしたと思われます。そのために、教科書編纂者やその周辺の人々が神話や昔話・伝説の調査に関わったことが指摘できます。身近なお話が日本語で教科書に載ることは、本来は矛盾するはずの国家教育と郷土教育を同時に実現することを可能にしたように思います。

しかし、今日は、そういう「日本精神」や「日本人の持つ感情」といった紋切型のイデオロギーでは説明できない世界を、昔話そのものから考えてみたいと思います。丁寧に昔話の叙述や挿絵を分析していくと、実に興味深いことが見えてきます。同じ時期に刊行され絵本との関係など気になることもありますが、まだそこまで調査ができていません。今日はとにかく教科書に限定してお話しします。

この「昔話教材一覧」は国定教科書以後に限定しました。国定教科書は第二期から第五期まで昔話が見られ、台湾・朝鮮・南洋群島・満洲・インドネシア・シンガポール・ビルマが植民地です。転じて、ハワイ・アメリカのカリフォルニア・シアトル・ブラジルが移民地です。まだ見られていない教科書は目録を参考にしましたが、なお見落としがあるかもしれませんので、この一覧は未完成ですが、目にできた教授書や教授参考書も含めて拾ってみました。

三　国定教科書における「桃太郎」の変化

ここから、例えば、「桃太郎」だけを抜き出すこともできます。国定教科書のみならず、台湾・朝鮮・南洋群島・満洲・インドネシア・ビルマ・ハワイ・ブラジルといった具合に、「桃太郎」が盛んに海外進出しています。実は、「桃太郎」は教科書の中で成長したところが見られます。

「桃太郎」は最初から安定していたわけではありません。一九〇九年（明治四二）の国定第二期『尋常小学読本』にはタイトルがなく、「オヂイサンハヤマヘシバカリニ、オバアサンハカハヘセンタクニ。」とあります。川へ洗濯に行ったお婆さんが近くに大きく、山へ柴刈りに行ったお爺さんは遠くに小さく描かれます。そして、「クルマニツンダタカラモノ、イヌガヒキダスエンヤラヤ。サルガアトオスエンヤラヤ。キジガツナヒクエンヤラヤ。」とあり、桃太郎と犬・猿・雉が描かれます。つまり、「桃太郎」の冒頭と結末をピックアップするだけで、これらはストーリーになっていません。

「桃太郎」がストーリーとして教科書に定着したのは、一九一八年（大正七）の国定第三期『尋常小学国語読本』からです。これもタイトルはありません。第三期を見ていくと、「ムカシムカシ、オヂイサントオバアサンガアリマシタ。オヂイサンハヤマヘシバカリニ、オバアサンハカハヘセンタクニイキマシタ。」です。傍線部のように、お爺さんは山へ柴刈りに、お婆さんは川へ洗濯にという言葉まで国定第二期と一致します。国定第二期を膨らませ、デス・マス調の文章に整えたのです。

そして、「オバアサンガモモヲキラウトシマスト、モモガ二ツニワレテ、ナカカラオホキナヲトコノコガウマレマシタ。」とありますが、俎板の上に桃を載せて包丁で切る場面はありません。「オホキナヲトコノコ」ですから、柳田国男が言うような「小さ子」ではありません。挿絵も普通の大きさの子どもです。かわいらしい桃太郎が描かれますが、頭に付けたのは歌舞伎で使う力紙です。桃太郎が怪力を持つことを力紙で示すのです。

次に、犬と桃太郎が描かれます。絵巻ならば、桃太郎が右から来て、犬が左から来なければいけませんが、そうなっていません。その次に、右下に桃太郎と犬・猿・雉がいて、左上に鬼が島があって、見渡しています。犬・猿・雉を家来にする繰り返しは省略されましたが、見開きでうまく挿絵を入れています。鬼退治をした後、「クルマニツンダタカラモノ、イヌガヒキダスエンヤラヤ。サルガアトオスエンヤラヤ。キジガツナヒクエンヤラヤ。」とあります。傍線部に見るように、国定第二期の最後の言葉と同じです。国定第二期をストーリーにつくり直して、第三期の教材ができたことがわかります。

そして、一九三三年（昭和八）の国定第四期『小学国語読本』です。やはりタイトルはありませんが、叙述も挿絵もかなり丁寧です。「オヂイサンガ、山カラカヘッテキタトキ、オバアサンガ、ソノモモヲミセマシタ。オヂイサンハ、「コレハコレハ、メヅラシイ大キナモモダ。」トイッテ、ヨロコビマシタ。オバアサンガ、モモヲキラウトシマシタ。スルト、モモガ二ツニワレテ、ナカカラ大キナヲトコノコガウマレマシタ。」とあります。この挿絵には、例の俎板と包丁が描かれます。成長した桃太郎は黍団子を作ってもらって、鬼退治に行きます。挿絵は、絵巻物のように、桃太郎は右から来て、犬が左から来ます。

桃太郎が犬・猿・雉に黍団子を与える場面には、「モモタラウサン、モモタラウサン、ドコヘオイデニナリマスカ。」「オニガシマヘオニタイヂニ。」「オコシニツケタモノハ、ナンデスカ。」「ニッポン一ノキビダンゴ。」「一ツクダサイ、オトモシマセウ。」という対話があり、これが三回繰り返されます。この第四期は繰り返しも落とさず入れた豊かな叙述で、昔話の本質に迫ろうとしているように感じます。鬼が島の鬼退治の様子も非常に詳しくなっています。

鬼退治の場面は、「モモタラウハ、カタナヲヌイテ、オニノタイシャウニムカヒマシタ。オニノタイシャウハ、イッシャウケンメイニタタカヒマシタガ、トウトウマケマシタ。オニハ、ミンナ、モモタラウニカウサンシマシタ。」となります。そのとき鬼は、「モウ、ケッシテ人ヲクルシメタリ、モノヲトッタリイタシマセン。イノチダケハ、オタスケクダサイ。」と言います。人を苦しめたり略奪したりしないので、命だけは助けてくださいと命乞いをするのです。

それに対して、「モモタラウハ、オニヲユルシテヤリマシタ。オニハ、オレイニ、イロイロノタカラモノヲ、サシダシマシタ。」となります。ここに、鬼を赦す桃太郎と桃太郎にお礼をする鬼の関係が生まれます。注意したいのは、桃太郎は鬼を赦してやり、鬼はお礼にいろいろの宝物を差し出すという点です。これを平和的な解決だと見るかどうかということはありますが、ここに赦す桃太郎が出てくるのは重要です。この後で見る「猿蟹合戦」にも「赦す」ということが出て来るからです。

そして、日の丸の扇を持った桃太郎は犬・猿・雉に掛け声をかけて宝物を運び、「オヂイサントオバアサンハ、タイソウヨロコンデ、モモタラウヲムカヘマシタ。」と終わります。しかし、迎えるお爺さんとお婆さんは描かれません。私たちは「桃太郎」は非常に暴力的だと見て、それが軍国主義につながったと考えがちですが、実は「桃太郎」の叙述はもう少し細やかであったことがわかります。

一九四一年（昭和一六）の国定第五期『ヨミカタ』は、叙述も挿絵も国定第四期によく似ていますが、第四期にはなかったことが最後に見えます。それは、「オヂイサントオバアサンハ、タイソウヨロコンデ、モモタラウヲムカヘマシタ。」という叙述に対応する挿絵です。お爺さんとお婆さんが持っているのは日の丸の旗です。太平洋戦争に入っていく際、鬼畜米英のプロパガンダになっていく桃太郎の姿がここにあります。第四期からの変化として、これはとても重要です。

四　台湾・朝鮮・満洲・アメリカの「桃太郎」

南洋群島の教科書を見ると、第二期から第四期へと国定教科書がたどった歩みを、南洋群島やハワイでも同じようにたどっていることがわかります。今はそれ以上触れずに、台湾の教科書を取り上げてみます。第一期にできた一九一二年（明治四五）の『台湾教科用書国民読本』です。「ももたろお」と音に近い表記になっています。桃太郎が鬼征伐に出かけるときに、日本一の旗を持って出かけるのですが、旅立ちの格好は江戸時代の桃太郎であり、弥次さん喜多さんみたいです。

注意すべきは末尾の叙述で、「そおして、そのたからものわ、のこらず、天子さまへあげて、ごほびおいただきましたから、それお、おじいさんとおばあさんにみせて、よろこばせました。」とあることです。鬼が島から持ってきた宝物は、すべて天子様に献上するのです。この天子様は天皇のことでしょう。台湾の教科書では、国定教科書にはなかった天子様へ献上して、天子様からそのご褒美を与えられ、お爺さんとお婆さんを喜ばせるという桃太郎像が出てきます。

この「桃太郎」は、先ほど見た一九一八年の国定第三期よりも早く教科書に入っています。時系列から考えると、台湾の教科書で行った「桃太郎」の実験が国定教科書に影響を与えて、国定教科書を変えたことになります。ただし、天子様へ献上するというような叙述は、国定教科書には見られません。こうした一節があることによって、台湾の教科書は「桃太郎」を通して天皇制の構造を植民地に植え付けようとしたことがわかってきます。

驚くべきことは、この「ももたろお」と同じ教材が、朝鮮の第一期の一九一三年（大正二）にできた

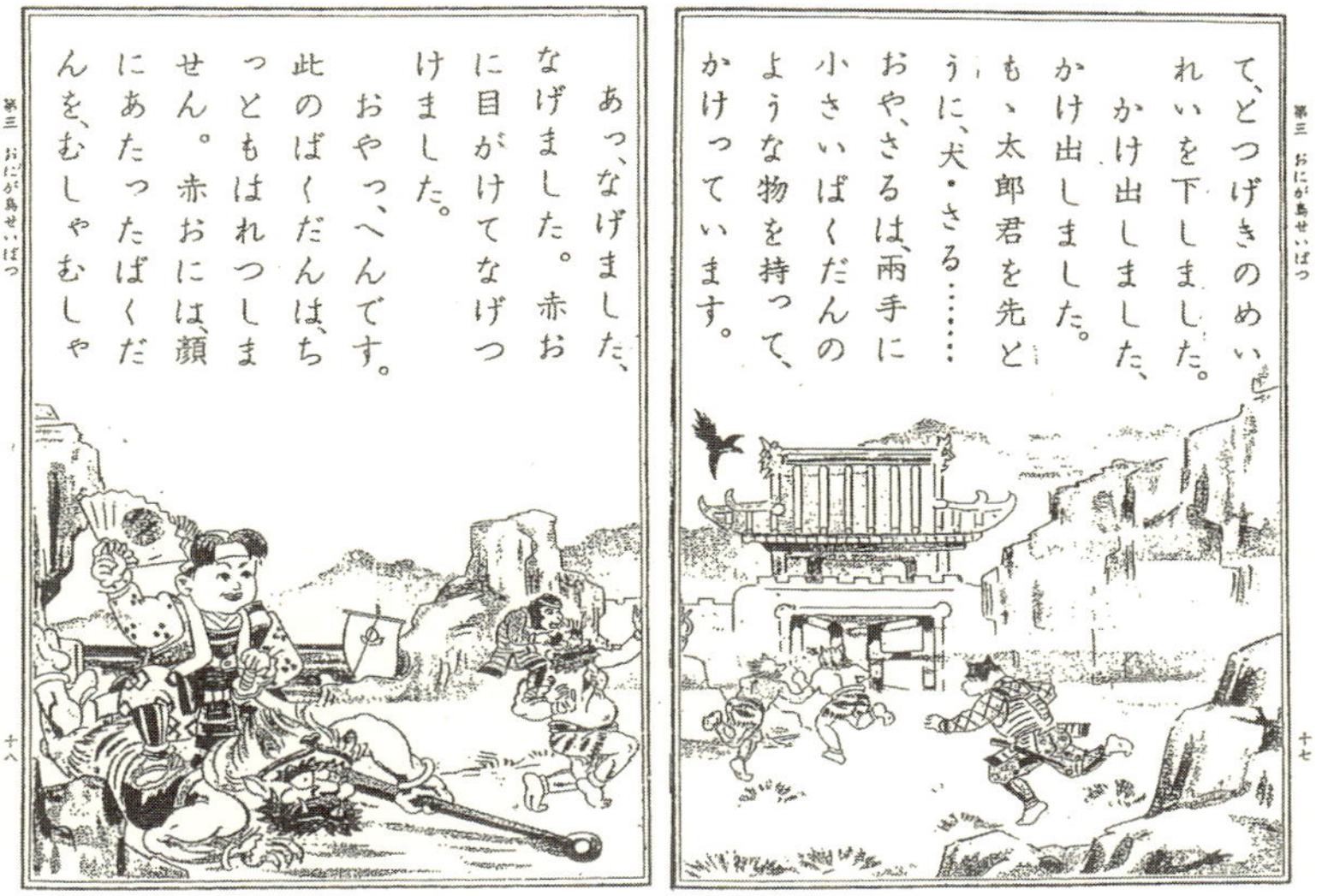

第三　おにが島せいばつ

て、どつげきのめいれいを下しました。
かけ出しました、かけ出しました。もゝ太郎君を先とうに、犬・さる……
おや、さるは、両手に小さいばくだんのような物を持って、かけっています。

十七

第三　おにが島せいばつ

あっ、なげました、なげました。赤おに目がけてなげつけました。
おやっ、へんです。此のばくだんは、ちっともはれつしません。赤おには、顔にあたったばくだんを、むしゃむしゃ

十八

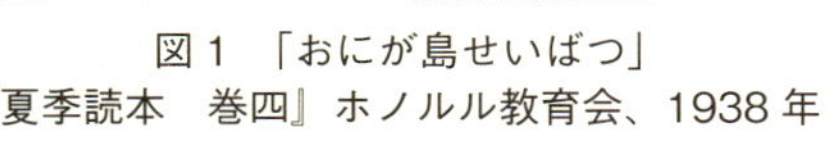

図１　「おにが島せいばつ」
『夏季読本　巻四』ホノルル教育会、1938年

『普通学校国語読本』に入ることです。挿絵は変わりますが、本文は同じで、やはり天子様への献上が見られます。さらに、満洲の一九一七年（大正六）の『日本語読本』にも、朝鮮の教科書からのコピーで入ります。ですから、台湾・朝鮮・満洲といった植民地の「桃太郎」は、天子様に献上してご褒美を受けて、お爺さんとお婆さんを喜ばせる「桃太郎」で一貫しています。さらに驚くのは、シアトルに行った日系の子どもたちに教える教科書にも、このタイプが出て来ることです。

ハワイの一九三八年（昭和一三）の『夏季読本』は独特です。ハワイではアメリカンスクールに行って、午前中・放課後や夏休みに日本語を勉強しました。そこに「おにが島せいばつ」という教材があって、「こちらは、ＪＯＪＫほうそうきょくであります。たゞ今からもゝ太郎君の、おにが島せいばつのあり様を、ほうそういたします。」というので、ラジオの実況放送で鬼退治を流して

いく体裁です。

その中に、例えば、雉は「飛行機のように、ぱっと空にまい上りました。」とあり、猿は「両手に小さいばくだんのような物を持って、かけっています。」とあって、飛行機や爆弾といった具合に戦争が近代化しています。「おやっ、へんです。此のばくだんは、ちっともはれつしません。赤おには、顔にあたったばくだんを、むしゃむしゃ食べています。すごいおにですね。分りました。ばくだんだと思ったのは、きびだんごだったのです。」とあって、笑い話のようになっています。恐しさと笑いがセットになっているような教材で、こんな「桃太郎」もあったのです。

詳細に述べなければならないところもありますが、大きく言うと、「桃太郎」の場合、国定教科書が植民地や移民地に影響を与えますが、逆に国定教科書でさえ植民地の影響を受けているのではないかと思われるところもあります。特に植民地では、宝物を天子様へ献上するというモチーフを持つ「桃太郎」が広く出て来て、それは植民地における天皇制の支配に機能したと考えられます。

五　国定教科書における「猿蟹合戦」の変化

もう一つ、とても人気があったのは「猿蟹合戦」です。国定教科書をはじめ、台湾・南洋群島・満洲・インドネシア・シンガポール・ビルマ・ハワイ・ブラジルに見られます。

しかし、「猿蟹合戦」もまた、最初からしっかりした「猿蟹合戦」だったわけではありません。国定第一期にはなくて、一九〇九年の国定第二期の『尋常小学読本』には、「サルトカニ　カキノタネ　ニギリメシ」とあり、猿が柿の種を持ち、蟹が握り飯を持って、交換する直前が描かれています。ストーリーというよりは、言葉や「ニ」「キ」「ネ」「ギ」といったカタカナを教えるために、「猿蟹合戦」が使われたと言っていいでしょう。

一九一八年の国定第三期の『尋常小学国語読本』になると、猿と蟹は擬人化されて服を着ていて、「サルガカキノタネヲカニニヤリマシタ。カニガニギリメシヲサルニヤリマシタ。」とあります。第二期では単語にすぎなかった叙述が、ここではストーリーになっています。蟹が「ハヤクメヲダセ、カキノタネ。ダサヌト、ハサミデハサミキル。」と言うと、「メヲダシマシタ。」となり、柿の種は脅迫されて芽を出します。さらに脅迫すると木になり、また脅迫すると実がなって、ここには三回の繰り返しが見られます。

注意すべきはその後で、「アヲイノヲカニニナゲツケマシタ。カニガシニマシタ。」とあり、猿は青い柿の実を投げつけ、それがあたった蟹は死んでしまいます。そして、「コガニガナイテヰマシタ。」と続きます。子蟹が泣いていると蜂・栗・臼が順に来て、ここにも三回の繰り返しが見られます。そして、子蟹と蜂・栗・臼で敵討ちをします。栗は元々は卵で、卵から栗になったのは巌谷小波の影響ではないかと言われています。

栗が猿に飛び付いて火傷をさせ、猿が水を付けに行くと蜂が刺し、猿が逃げると臼が落ちて猿を押し付けるとなり、最後は「コガニガサルノクビヲハサミキリマシタ。」と結びます。挿絵は臼が猿を押さえているだけですが、本文は子蟹が出て来て猿の首を鋏み切ります。ですから、子どもが親の敵討ちをするという形で、しっかりしているわけです。

その次が一九三三年の国定第四期の『小学国語読本』です。これは丁寧に叙述されていて、「アル日、サルトカニガ、山ヘアソビニイキマシタ。サルハ、カキノタネヲヒロヒマシタ。」と始まります。猿と蟹が柿の種と握り飯を交換し、猿が「早クメヲ出セ、早クメヲ出セ。」と言うと、芽が出ます。第三期のような「ダサヌト、ハサミデハサミキル。」のような脅迫はありません。そして、柿は木になり、大きな実がたくさんなります。そこに猿が遊びに来て、「ボクガトッテヤラウ。」と言って、猿は青い柿を投げつけます。

重要なのはその後で、「カニハ大ケガヲシテ、泣キマシタ。」となります。蟹は大怪我をするだけで、死んではいません。そこへ蜂・臼・栗がやって来て、「ミンナデサウダンシテ、サルヲコラスコトニシマシタ。」となります。「敵討ち」ではなく、ここは「懲らす」という言い方です。その後、蜂・栗・臼が協力して猿をやっつけ、最後に臼が戸口の上から落ちて猿を押さえます。そこには第三期と同じ挿絵がありますが、本文は違います。「カニハハサミデ、サルノクビヲキラウトシマシタ。サルハ、トウトウ、ジブンガワルカッタトアヤマリマシタ。カニハ、ユルシテヤリマシタ。」となり、蟹は猿を赦します。

猿のために大怪我をしたにもかかわらず、蟹は猿を赦すのです。現代の絵本だと、「それでみんな仲良くなりました」となるのですが、そこまでは行っていません。これは同じ国定第四期の「桃太郎」が鬼を赦したということとも関わっているはずです。国定第四期は平和主義に傾斜していると言えます。私たちが先入観を抱いて見ている国定教科書は、「桃太郎」にしても「猿蟹合戦」にしても、そう単純ではないことがわかります。

このように、「猿蟹合戦」は、蟹が殺されて子蟹が敵討ちをするところから、蟹が大怪我をしても最後に赦すという、大きな変化が見られます。ただし、一九四一年の国定第五期の『ヨミカタ』は微妙です。本文はだいたい第四期と同じですが、挿絵は差し替えられて擬人化されていません。重要なのは、国定第四期の最後の、「カニハ、ユルシテヤリマシタ。」という一文がないことです。猿が謝っても赦したかどうかははっきりせず、曖昧にされたのです。

六　国定教科書と台湾・ハワイの「猿蟹合戦」

台湾の一九一二年の第一期の『台湾教科用書国民読本』を見ますと、「猿と蟹」です。「昔あるところに、猿と蟹がいました。」と始まります。庭に柿の種を播いて実がなるところの三回の繰り返しは出てきません。「猿わ、大きな青い柿おとって、なげつけました。それで、蟹わ、つぶされてしまいました。蟹の子が、おどろいて、そばにないていると、臼がきて、なぐさめました。」とあり、ここまでが前半です。

蟹が死んで子蟹が嘆いているというのは、先ほどの国定第三期と同じです。実は一九一八年の国定第三期よりも、この台湾の方が早いのです。台湾で「猿と蟹」が整えられてから国定教科書に影響を与えていると考えられます。こうして見ると、「桃太郎」の場合もそうでしたが、台湾という場所は、国定教科書を改訂していく実験の場所だったということになります。

珍しいのは後半で、「臼わ、また、友だちの蜂と、とおがらしと、こんぶおよんで、いろいろ、子蟹のせわをしました。猿わ、それおきいて、子蟹がにくゝなったから、いじめよおともって、蟹の家えゆきました。」と始まります。子蟹の助太刀に集まるのは、臼の友達の蜂・唐辛子・昆布です。韓国な

図２「猿と蟹（二）」
『日本語読本　第三学年用　上巻』関東庁、南満洲教育会教科書編輯部、1922 年

どの「猿蟹合戦」では唐辛子が出て来る話がありますが、珍しいものです。この話を地元の台湾で取材したかどうかが問題になります。

猿が御馳走を食べるとその中に唐辛子がいて、辛くてたまらず水を飲もうとすると、子蟹が柄杓の中に隠れていて、猿の舌を挟みます。そこに蜂が飛んできて鼻を刺し、猿が逃げ出すと昆布に滑って転び、とどめを刺すのは屋根から落ちた臼です。子蟹が首を切るのではなく、「そこえ、やねから、臼がおちてきて、猿おつぶしてしまいました。」と終わります。前半の「蟹わ、つぶされてしまいました」と「猿おつぶしてしまいました」とは、「潰す」という行為で見事に対応しています。これは国定第三期に影響を与えますが、子蟹が首を切りましたという結末とはちょっと違います。

台湾の一九一三年第二期の『公学校用国民読本』の「サットカニ」では、国定が第四期で変わったように、蟹は大怪我をしただけで、臼・蜂・唐辛子・昆布が世話をします。最後に、「サルハトウトウオソレイッテ、「コレカラハ、キット悪イ事ハイタシマセン。皆サンドウゾオユルシ下サイ。」トイッテアヤマリマシタ。」となります。猿から赦してくださいと言って謝るという形で、和解はさらに積極的です。台湾は国定教科書に影響を与えますが、この場合、国定教科書の影響を受けていて、相互に変わっていることがわかります。

朝鮮には「猿蟹合戦」はありません。国定教科書の変化をそのまま受けているのは南洋群島です。何曜群島の第三次と第四次は国定第三期と国定第四期に従って変わっています。満洲では、一九二二年（大正一一）の『日本語読本』に、台湾の第二期の一九一三年の「サルトカニ」が影響を与えています。蟹は怪我をしただけで、猿は謝って赦してもらうというタイプです。挿絵もまったく同じですが、なぜか満洲では昆布が出てきません。

ハワイの教科書にも出てきます。ちょっと変わったのは、一九三〇年（昭和五）の『副日本語読本』の「サルカニ」です。これは細かく読みませんが、国定第四期に近いものです。国定第四期は一九三三年で、ハワイは一九三〇年ですから、ハワイの方が少し早いのです。ハワイの影響を受けたとは考えにくいことからすれば、同じような動きがあったと見るべきかもしれません。

この叙述は詳しく、「サルハマッサオナノヲモイデカニノコウラヲ目ガケテカ一パイナゲツケマシタ。カニハ「アッ。」トイッタママタオレテシマイマシタ。」とあり、その後、「コノカニニ子ガニガ一ピキアリマシタ。チョウドコノトキハオトモダチト一ショニ小川（コガワ）ノホウヘアソビニ行ッテイマシタ。カエッテ見ルトカキノ木ノ下ニオヤガニガコウラヲクダカレテタオレテイマス。子ガニハオドロイテ「ドウシタノデス。ドウシタノデス。」トキキマシタ。オヤガニハクルシソウニ「サルガサルガ。」トイッテトウトウシンデシマイマシタ。」となりました。蟹は帰宅した子蟹に看取られて死ぬのですが、この場面はテレビドラマのような感じになっています。

この場合は蜂・栗・昆布・臼が出てきます。最後は、「サルハアカイカオヲ一ソウアカクシテ、カラダヲモガキナガラ、ウンウンクルシガッテイマシタ。ソコヘ子ガニガハイダシテキテ、「オヤノカタキオモイシッタカ。」トイッテトビカカリ、トウトウハサミデサルノクビヲハサミキッテシマイマシタ。」と終わります。子蟹が猿の首を鋏み切るというのは国定第三期と同じで、それがハワイに行ったのです。国定第三期は一九一八年ですが、その影響が一九三〇年まで強く残り、ハワイではそれを採択して豊かな叙述にしていることになります。

七　戦後の教科書が採択した「笠地蔵」

今日は「桃太郎」と「猿蟹合戦」を見ました。こうしてたどってみると、私たちが戦前の国定教科書のイメージを均一化して、ステレオタイプ化して思い描いている「桃太郎」と「猿蟹合戦」は微妙にゆらぐのではないかと思います。そして、植民地からの影響もあれば、植民地への影響もあり、さらには移民地との関係も密接で、「桃太郎」と「猿蟹合戦」が世界へ進出していった様子を確かめることができます。これが戦後になりますと、「桃太郎」も「猿蟹合戦」も教科書から消えていきます。ただし、戦後の墨塗り教科書は戦後の教育にふさわしくない教材に墨を塗りましたが、「桃太郎」と「猿蟹合戦」は検閲にあっていません。これは注意しておいていいことかもしれません。

「復興の祈りとお地蔵様」（『東京新聞』、二〇一六年三月七日夕刊）でも書きましたし、今度の『昔話を語り継ぎたい人に』（三弥井書店、二〇一六年）にも書いたのですが、実は、戦後の一九四六年（昭和二一）一月に出た最初の昔話絵本は、関敬吾の『笠地蔵様』（日本美術出版株式会社）です。関は、人が平和に生きるのには、このお爺さんやお婆さんのように信仰して生きなさいということを解説に書いています。江戸時代からほとんど取り上げられてこなかった「笠地蔵」が、戦後の復興の中で、日本人の理想とすべき姿とされました。具体的には、慎ましく生きれば平和で幸せになれるという思想が戦後の出発点になったと言えます。

今日お見えの岩崎京子さんの『かさこじぞう』（ポプラ社、一九六七年）が、やがて教科書教材になって、長い間二年生の教科書に載ってきました。戦前・戦中の「桃太郎」「猿蟹合戦」から戦後の「笠地蔵」へ展開したと、私は教科書の歴史を見ています。そして、教科書というシステムの中から、国家や教育界が昔話に何を求めようとしたのかが見えるように思います。言葉が足りませんけれども、戦後の問題と現在の課題は、この後のシンポジウムでパネリストの方々が述べてくださると思いますので、私の前座はこのくらいにしましょう。

昔話教材一覧

国定			
第2期			
1909年	尋常小学読本	1	(サルトカニ)
1909年	尋常小学読本	1	(モモタロウ)
1909年	尋常小学読本	1	(コブトリ)
1910年	尋常小学読本	2-19/21	ハナサカヂヂイ (一)～(三)
1909年	尋常小学読本	3-24/25	ウラシマノハナシ (一) (二)
第3期			
1918年	尋常小学国語読本	1	(サルトカニ)
1918年	尋常小学国語読本	1	(モモタロウ)
1918年	尋常小学国語読本	2-17	ハナサカヂヂイ
1918年	尋常小学国語読本	3-14	うらしま太郎
第4期			
1933年	小学国語読本	1	(シタキリスズメ)
1933年	小学国語読本	1	(モモタロウ)
1933年	小学国語読本	2-5	サルトカニ
1933年	小学国語読本	2-10	ネズミノヨメイリ
1933年	小学国語読本	2-12	コブトリ
1933年	小学国語読本	2-16	花サカヂヂイ
1934年	小学国語読本	3-15	一寸ボフシ
1934年	小学国語読本	3-16	かちかち山
1934年	小学国語読本	3-20	金のをの
1934年	小学国語読本	3-24	浦島太郎
第5期			
1941年	ヨミカタ	1	(シタキリスズメ)
1941年	ヨミカタ	1	(モモタロウ)
1941年	ヨミカタ	2-7	サルトカニ
1941年	ヨミカタ	2-17	ネズミノヨメイリ
1941年	ヨミカタ	2-21	花サカヂヂイ
1941年	よみかた	3-14	一寸ぼふし
1941年	よみかた	3-26	うらしま太郎
台湾			
第1期			
1912年	台湾教科用書国民読本	5-3/5	ももたろお
1912年	台湾教科用書国民読本	6-7	猿と蟹一・二
第2期			
1913年	公学校用国民読本	5-20/21	サルトカニ (一) (二)
1913年	公学校用国民読本	6-20/21	はなさかぢぢい (一) (二)
第3期			
1923年	公学校用国語読本	1-26/28	サルトカニ (一)～(三)
1923年	公学校用国語読本	3-28/30	ももたらう (一)～(三)

1923年	公学校用国語読本	4-14/15	うらしま太郎(一)(二)
1923年	公学校用国語読本	4-28/30	花さかぢぢい(一)～(三)
第4期			
1938年	公学校用国語読本	3-3	モモタラウ
1938年	公学校用国語読本	3-23	花さかぢゝい
1938年	公学校用国語読本	4-10	浦島太郎
第5期			
1942年	こくご	3-3	モモタラウ
1942年	こくご	3-22	花さかぢぢい
1942年	こくご	4-7	うらしま太郎
朝鮮			
第1期			
1913年	普通学校国語読本	2-29/31	モモタロウ(一)～(三)
1913年	普通学校国語読本	3-4/6	花サカセジジイ(一)～(三)
第3期			
1931年	国語読本	3-14	うらしまたろう(未見)
第4期			
1939年	初等国語読本	2-11	コブトリ(未見)
1939年	初等国語読本	2-15	ネズミノヨメイリ(未見)
1939年	初等国語読本	2-22	ハナサカジジイ(未見)
1940年	初等国語読本	3-17	一寸ボウシ(未見)
1940年	初等国語読本	3-25	浦島太郎(未見)
第5期			
1942年	ヨミカタ	1下-14	コブトリ(未見)
1942年	ヨミカタ	1下-21	ネズミノヨメイリ(未見)
1942年	ヨミカタ	1下-25	花サカヂヂイ(未見)
1942年	ヨミカタ	2上15	一寸ボフシ(未見)
1942年	ヨミカタ	2上-25	ウラシマ太郎(未見)
南洋群島			
第1次			
1917年	南洋群島国語読本	1	(モモタロウ)
1917年	南洋群島国語読本	2-18/20	ハナサカヂヂイ(一)～(三)
第2次			
1925年	南洋群島国語読本	1-30	モモタロウ
1925年	南洋群島国語読本	2-7	ウラシマタロウ
1926年	南洋群島国語読本教授書	1-30	モモタロウ
1926年	南洋群島国語読本教授書	2-7	ウラシマタロウ
第3次			
1932年	南洋群島国語読本	1	(サルトカニ)
1932年	南洋群島国語読本	1	(モモタロウ)
1932年	南洋群島国語読本	2-16	ハナサカジジイ
1932年	南洋群島国語読本	3-13	うらしま太郎
第4次			

1937年	公学校本科国語読本	1	（シタキリスズメ）
1937年	公学校本科国語読本	2-25	モモタロウ
1937年	公学校本科国語読本	3-17	さるとかに
1937年	公学校本科国語読本	3-25	こぶとり
1937年	公学校本科国語読本	4-20	一すんぼうし
1937年	公学校本科国語読本	4-27	うらしまたろう
1937年	公学校国語読本教授書	1	（シタキリスズメ）
1937年	公学校国語読本教授書	2-25	モモタロウ
1937年	公学校国語読本教授書	3-17	さるとかに
1937年	公学校国語読本教授書	3-25	こぶとり
1937年	公学校国語読本教授書	4-20	一すんぼうし
1937年	公学校補習科国語読本	4-27	うらしまたろう
満洲			
奉天外国語学校			
1917年	日本語読本	2-28/30	モモタロウ（一）～（三）
関東庁教科書編纂委員会、南満州教育会教科書編輯部			
1922年	日本語読本	3上-19/20	猿と蟹（一）（二）
1923年	日本語読本	4上-18/19	浦島太郎（一）（二）
1923年	日本語読本	4上-20	浦島太郎の歌
南満洲教育会教科書編輯部			
1925年	初等日本語読本	3-27/28	コブ取リ（一）（二）
1933年	第二種初等日本語読本	3-31	花咲カジヽイ
在満日本教育会教科書編輯部			
1933年	初等日本語読本	3-30/31	花咲かじゞい（一）（二）
文教部			
1927年	高級小学校日本語教科書	下-3	花咲翁
1927年	高級小学校日本語教科書	下-8	浦島太郎
1929年	日本語教科書下冊教授書	3	花咲翁
1929年	日本語教科書下冊教授書	8	浦島太郎
南満洲鉄道株式会社教育研究所、南満州教育会編輯部			
1922年	中等日本語読本	1-補充3	浦島太郎
南満洲教育会教科書編輯部			
1929年	中等日本語読本	1-自習1	桃太郎
1929年	中等日本語読本	1-自習2	舌切雀
在満日本教育会教科書編輯部			
1934年	中等日本語読本	1-9	浦島太郎
1934年	中等日本語読本	1-補充1	舌切雀
インドネシア			
1944年	ニッポンゴ	1-9	サルトカニ（未見）
1944年	ニッポンゴ	1-11	モモタロウ（未見）
1943年	日本語	3-19	うらしま太郎（未見）
1943年	日本語	4-11	花さかぢぢい（未見）
シンガポール			

1942年	国語読本	2-11	さるかにかっせん（未見）
		ビルマ	
1944年	にっぽんごとくほん	2-11/13	ももたらう（一）～（三）（未見）
1944年	にっぽんごとくほん	2-27	さるとかに（未見）
1944年	にっぽんごとくほん	3-10	一寸ぼうし（未見）
1944年	にっぽんごとくほん	3-18	さるとわに（未見）
1944年	にっぽんごとくほん	3-23	うらしま太郎（未見）
		ハワイ	
布哇教育会			
1925年	日本語読本尋常科用	1	（サルトカニ）
1925年	日本語読本尋常科用	1	（金太郎）
1925年	日本語読本尋常科用	1	（シタキリスズメ）
1925年	日本語読本尋常科用	1-2/3	モモタロウ（一）（二）
1925年	日本語読本尋常科用	1-24/25	ハナサカジジイ（一）（二）
布哇教育会			
1929年	日本語読本	1	（コブトリ）
1929年	日本語読本	1-2/3	モモタロウ（一）（二）
1929年	日本語読本	1-19/20	ハナサカジジイ（一）（二）
1929年	日本語読本	2-22/23	うらしま太郎（一）（二）
1929年	日本語読本	2-42	金太郎
1931年	日本語読本教授参考書	1	（コブトリ）
1931年	日本語読本教授参考書	1-2/3	モモタロウ（一）（二）
1931年	日本語読本教授参考書	1-19	ハナサカヂヂイ
1931年	日本語読本教授参考書	2-22/23	うらしま太郎（一）（二）
1931年	日本語読本教授参考書	2-42	金太郎
布哇教育会			
1936年	日本語読本	1	（シタキリスズメ）
1936年	日本語読本	2-8	サルトカニ
1936年	日本語読本	2-14	モモタロウ
？	日本語読本	3-13	こぶとり
？	日本語読本	3-17	花さかじじい
1936年	日本語読本	4-3	一寸ボウシ
1936年	日本語読本	4-6	かちかち山
1936年	日本語読本	4-課外	金太郎
1937年	日本語読本	5-4	うらしま太郎
ホノルル教育会			
1930年	副日本語読本	1-23	一スンボウシ
1930年	副日本語読本	1-24	サルカニ
1930年	副日本語読本	3-3	金太郎
1930年	副日本語読本	6-16	地獄めぐり
布哇県教育局			
1923年	日本語学校読本	1-19/21	ももたろう（一）～（三）
布哇教育局			

1924年	日本語読本	2-12	浦島太郎
本願寺学務部			
1928年	日本語副読本	3-11	コブ取リジイサン
本派本願寺学務部			
1929年	三訂中等日本語読本	2-4	猿と海月（小寺融吉）
ホノルル教育会			
1938年	夏季読本	3-9	さるとくらげ
1938年	夏季読本	4-3	おにが島せいばつ
アメリカ			
米国加州教育局（カリフォルニア）			
1924年	日本語読本	7-9/10	浦島太郎（一）（二）
1924年	日本語読本	10-3	骨なし海月
米国西北部聯絡日本人会教育調査会（シアトル）			
1926年	日本語読本	2-17/19	モモタラウ（一）～（三）
1926年	日本語読本	2-28/30	ハナサカヂヂイ（一）～（三）
1926年	日本語読本	2-49/50	ウラシマノハナシ（一）（二）
米国西北部聯絡日本人会教育委員会（シアトル）			
1929年	日本語読本	3-9/11	モモタロウ（一）～（三）
1929年	日本語読本	3-24/26	ハナサカジジイ（一）～（三）
1929年	日本語読本	4-25/26	うらしまのはなし（一）（二）
ブラジル			
ブラジル日本人教育普及会			
1936年	日本語読本	1	シタキリスズメ
1936年	日本語読本	1	ネズミノヨメイリ
1936年	日本語読本	1	モモタロウ
1936年	日本語読本教授参考書	1-32	シタキリスズメ
1936年	日本語読本教授参考書	1-33	ネズミノヨメイリ
1936年	日本語読本教授参考書	1-35	モモタロウ
1937年	日本語読本	2-3	サルトカニ
1937年	日本語読本	2-10	コブトリ
1937年	日本語読本	2-21	花サカヂヂイ
1937年	日本語読本教授参考書	2-3	サルトカニ
1937年	日本語読本教授参考書	2-10	コブトリ
1937年	日本語読本教授参考書	2-21	花サカヂヂイ
1937年	日本語読本	3-18	一寸ぼうし
1937年	日本語読本	3-21	金のをの
1937年	日本語読本	3-24	浦島太郎

付記 1　国語・日本語教科書を対象としたが、国定国語教科書以前のものは入れていない。

2　言語教材には挙げなかったものがある。

3　未見の教材は「（未見）」とした。その際、宮脇弘幸『日本植民地・占領地の教科書に関する総合的比較研究』（科学研究費補助金研究成果報告書、2006年、2008年）を参考にした。

日本の教科書と昔話
―伝統的な言語文化としての神話教材の課題と展望―

大澤千恵子

一　はじめに

平成二〇年（二〇〇八）版学習指導要領より、国語科教育において「伝統的な言語文化と国語の特質に関する事項」が指導事項に加えられました。小学校第一・二学年では「昔話や神話・伝承などの本や文章の読み聞かせを聞いたり、発表し合ったりすること」が示されました。「言語文化とは、我が国の歴史の中で創造され、継承されてきた文化的に高い価値を持つ言語そのもの、つまり文化としての言語、また、それらを実際の生活で使用することによって形成されてきた文化的な言語生活、さらには、古代から現代までの各時代にわたって、表現し、受容されてきた多様な言語芸術や芸能などを幅広く指している」と定義されています。それを受けて編集された平成二三年（二〇一一）版小学校国語科の教科書には、教材あるいは巻末の読み聞かせ用の付録として「まのいいりょうし」「三まいのおふだ」「花咲爺」などの昔話に混じって、日本神話「いなばのしろうさぎ」が収載されました。また「やまたのおろち」や「うみさちやまさち」なども紹介され、子どもたちは学校教育の中で日本神話に触れる機会を持つことになりました。

それから約一〇年が経ち、平成二九年（二〇一七）版学習指導要領にも伝統的な言語文化という学習内容は継承されていますし、教育現場においてもある程度定着した感はあります。昔話や神話・伝承を学習対象として学ぶことは、我が国の歴史の中で創造され、継承されてきた多様な言語芸術や芸能としての物語に親しみ、継承・発展させる態度を育てることであるといえます。確かに、教育を通して文化遺産を継承していくことは、文化の保持と発展に必須であり、グローバル化する社会に鑑みても、日本の神話や昔話といった伝統的な物語群を学ぶことは大切だといえるでしょう。

しかしながら、「昔話や神話・伝承」と一括りにされていますが、これまでも日本の教科書には昔話や伝承は収載されておりました。岩崎京子さん再話の「かさこじぞう」は一九七七年から収載され、一時はすべての教科書に載っていたこともありましたし、また光村図書では長年にわたって一年生の教科書に「おむすびころりん」を載せています。また、我が国の伝統的な言語文化という括りからは外れてしまいますが、外国のお話から再話された昔話には、ロシア民話「おおきなかぶ」やモンゴル民話「スーホの白い馬」などがあり、よく知られた定番教材となっています。したがって、これらの物語には、ある程度現場の先生方にとってもなじみ深く、教材研究の蓄積もあるといえるでしょう。一方、神話はといいますと、戦前の教育における扱いに問題があったことから、戦後教育においてはタブー視され、学校教育、それも国語科教育の中で触れることはありませんでしたし、新しい指導事項を受けて取り入れられたために教科書会社ごとに再話者が異なっています。そのため、物語の様式は似ていますが、古くて新しい問題を内包した神話は、昔話と全く同じように扱うのも難しいですし、逆に神話だけを特化して扱うのも難しいというアンビバレントな扱いにくい教材となっているといえます。

そこで、今回は、神話教材の問題に特化して、教育現場で生じている諸問題に対する解決の方策を見つけるための糸口について考えていきたいと思います。大きく分けて二つの側面に焦点を当てます。まずは、教材の整備が不十分であることと、自分たちが学校教育の中で神話に触れてこなかった現場の教員の知識、経験の不足の問題です。この点に関しては、平成二〇年の学習指導要領改訂以降実際の教科書の中で神話が教材としてどのように取り扱われてきたかについて比較検討するとともに、東京学芸大学附属小金井小学校の実践を紹介しようと思います。つぎに、物語文として「読むこと」の系統的な学習の困難さの問題について取り上げます。平成二〇年版、二九年版ともに学習指導要領では、神話や昔話を聞いて楽しむのは第一・二学年、いわゆる小学校の低学年に留まっています。ですが、神話は大人にとっても面白い読み物ですから、学年が上がっても十分楽しめるものであると考えられますし、むしろそれらの神髄は発達段階に即して理解が可能な物語群であるといえるのです。その可能性を見いだすために東京都立川市立新生小学校の教育実践や、新たな試みとして神々が登場しながらも、国土に根ざす要素を持つとともに発展性があり、教員も保護者も子どもにふさわしい内容であると容易に判断できるような神話として、東北地方に伝わる神話・昔話の教材化の可能性を提案してみたいと思います。

二　神話教材の取り扱いの現状と附属小学校における実践事例

　現在はすでに新学習指導要領である二九年版も公にされています。その中の改訂された指導事項である〔知識および技能〕の⑶我が国の言語文化に関する事項の中に伝統的な言語文化の項目があり、「昔話や神話・伝承などの読み聞かせを聞くなどして、我が国の伝統的な言語文化に親しむこと」と記載されています。ですから、少なくとも今後一〇年間は継続していくことは確定しているといえるでしょう。にもかかわらず、戦前の教育における神話の教材の問題点や、教育現場における物語文としての指導のありよう、教員の知識・教材研究の蓄積の不足等、前学習指導要領改訂時からの問題は今なお山積したままであることは大変憂慮すべきことではないでしょうか。簡単に言ってしまえば、日頃から忙しい先生方にとって扱いにくい教材だということです。

　教材研究の蓄積が難しい大きな要因の一つに、複数の再話者による教材の多様性の問題があります。戦後教育において初めて取り上げられた神話教材は、いわば平成二〇年版の改訂の目玉でもありました。そのため各教科書会社も新しい指導事項である伝統的な言語文化を重視していたことは、平成二三年の教科書の改訂からも明らかでした。そのこと自体は決して悪いことではないのですが、約一〇年を経ても問題の改善がみられません、同じ物語が再話者によって本文自体が大きく異なってしまったことが、結果として教材研究の蓄積を困難にしたのではないでしょうか。もちろん、先に挙げた定番教材として知られる「おおきなかぶ」や「かさこじぞう」にも細かな違いはあったり、改訂により改稿されたりしましたが、教科書会社ごとの様々な再話者による個性豊かな「いなばのしろうさぎ」が並んだことは、いわゆる定番の共通教材ではあり得なかったことなのです。

⑴教科書教材としての神話の諸相

　この点について平成二三年版の教科書を詳しくみてみましょう。三省堂『しょうがくせいのこくご　一年下』は、七〇年代から八〇年代にかけて子どもの生活を中心とした児童文学作品を数多く発表し活躍した児童文学作家・宮川ひろの書き下ろしとなっています。「いなばの白ウサギ」、と「ウサギ」の部分にカタカナを用いたところにこだわりがあり、動物のうさぎとの差異が強調されたり、八十神を兄とせずいじわるな神々としたりして、一年生の発達段階を考慮した上での登場人物の造型に工夫がみられます。教育出版『ひろがることば　二上』は、フランス文学者・詩人の福永武彦が再話したものを用いています。一九五七年に刊行された岩波少年文庫『古事記物語』における再話を加筆修正したもので、途中うさぎの語りのある枠物語というやや複雑な構造をとっています。光村図書『こくご　二上』は、教科書の付録として、「ぐりとぐら」シリーズの作者として知られる人気絵本作家・中川李枝子の書き下ろしです。具体的な地名や神々の争い、嫁取りが描かれたり、オオクニヌシの偉大さが強調されたりしていたりと神話の原型に近いのですが、このことは教科書本文中の教材ではなく、付録の部分の読み聞かせ用であることが大きいでしょう。東京書籍は、本文を載せておらず、あらすじだけですが、逆に他社が昔話としてあいまいにしていた「神話」についてのはっきりとした以下のような記述があります。「むかしから言い伝えられているお話の中には、いろいろな神さまが出てくる、「神話」というものもあります」とした上で、「いなばの白うさぎのお話」「やまたのおろちのお話」「海さち、山さちのお話」を紹介しています。学校図書『みんなと学ぶ小学校こくご二年上』では、「むかしの物語をたのしもう」として、幼年童話や絵本の創作が中心であり、海外の作品の翻訳も多数ある木坂涼による再話「ヤマタノオロチ」が収載されています。「スサノオノミコト」「クシナダヒメ」他の神々の名が用いられているだけでなく、「たかまのはら」や「アマテラスオオミカミの弟」という表記が見られる点で神話としての側面が強調されていることが、他社の物語と大きく異なっています。

このように、これまでなかった新しい指導事項であるにもかかわらず、大きく異なる本文がいくつかの教科書に同時に収載されたことが、教育実践において も、教材研究の蓄積においても現場の混乱を招くことに繋がったことは想像に難くありません。「神話をどのように教えたらよいかわからない」という声は学習指導要領改訂以降、しばしば耳にしましたし、そうした現場の困惑は次第に敬遠へと変わっていったことは、現行の教科書である二七年(二〇一五)の改訂からも明らかだといえます。ここでは「いなばのしろうさぎ」の本文を収載していた三社の二三年版の概要とその変容をそれぞれ比較してみたいと思います。

三省堂の「いなばの白ウサギ」(一二月頃、六時間扱い)は、下巻とはいえ、第一学年の教材として収載されていることは注目に値します。なぜなら、学習指導要領では第一・二学年とありますが、他社はすべて第二学年の教材あるいは付録としているからです。一年生ですから、非常に簡易なわずかの漢字を除き、ほぼひらがなとカタカナからなり、親しみやすいウサギのエピソードが物語の中心となっています。神話というよりも昔話により近い物語という印象で、例えば「とおいむかしのことです」という始まりの言葉は、他の昔話と同様ですし、単元の目標にも「むかしばなしをたのしもう」とあります。そこでは、一年生ながら物語として「読むこと」の学習が重視されていることが本書の大きな特徴であるといえます。「楽しむ」という目標ではありますが、そこにはただ物語を音読するだけでなく、叙述を基に登場人物の気持ちや場面を想像しながら読み深めることが目標となっています。学習指導事例集には、元の姿に戻ったウサギが助けてくれたオオクニヌシノミコトの歩いて行った方に向かい何度も何度もお礼を言い、深く深く頭を下げる最後の場面に着目させ、ウサギの変容を読み取る学習が挙げられています。すなわち、行動を評価しながら読み解く学習であり、「ウサギがどんな思いをこめて「ありがとうございました」と言っているかは想像でしか述べられないのですが、その想像の根拠が文章事実にそっているのかどうか」を重視しているのです。さらに系統的な「読むこと」の発展として、第二学年の「かさこじぞう」の学習へと展開していくことも期待されていることは、神話を読むこととの可能性があるともいえますが、同時に昔話との違いをどう捉えるのか、あるいは捉えないのかという問題を提起するものであるともいえます。同社は二七年版でも基本的には同様の扱いとなっています。

対照的なのは、光村図書で、聞いて楽しむこと、すなわち、伝統的な言語文化としての「語り」を重視しています。そのため、配当時間も二時間と少なく、教師による「読み聞かせ」を目的とした付録を巻末につけているのみとなっています。早くからリズミカルな音読を楽しめる「おむすびころりん」を一年生の教材として長く収載している光村図書は、聞いて楽しむ語りということに主眼をおいており、そうした学習は、学習指導要領で挙げられている第一・二学年だけに留まるものではないという立場をとっています。そのため、一年生「まのいいりょうし」、二年生「三まいのおふだ」とともに、聞いて楽しむ語りを重視した昔話が全学年に配当されています。

変更点としては、やや専門的な分け方になりますが、二三年版ではコロボックルやキジムナーの挿絵とともに、ファンタスティックな要素を含むさまざまな地域の昔話に親しむ態度につなげられたりしていたのに対して、二七年版では聞くことが一層重視され、「一休さん」「鉢の木」など実在の人物の伝承の割合が増していることが挙げられます。ただ、聞いてたのしむということが主眼であるために、児童の国語的な読解から離れたことで、最もこの物語の神話としての特性が表れているともいえるでしょう。このように、大きく分けて「読むこと」を重視し、昔話と同様に扱う方向性と、聞いて楽しむことで子どもたちの神話に親しむ態度を育成し、読書活動へとつなげる方向性があったことになります。

前者から後者に大きく舵を切ったのは、教育出版で、「むかしのお話を読む」から「むかしのお話を楽しもう」となり、配当時間も六時間から五時間へと減少しています。二三年版は伝えなくても良いとしていましたが、『古事記』に載っている物語であることが明らかにされているところは他社との違いです。その後の発展的な学習として、二三年版は児童が本文を「読む」ものとして掲載されており、最初から「つっかえずに音読できる」ようにしたり、自分の住んでいる地域の昔話への展開が示唆されていたり、我が国の伝統的な言語文化に親しむことが強調されていると考えられます。とはいうものの、同社の教師用指導書の解説には「読むこと」の対象ではないことが再三述べられ、「話の大体がつかめ、概略がわかればよい」としていました。

一方、二七年版はその指導書の記載とより一致する形で「読み聞かせ」用の文章形式になり、巻末に紙人形（うさぎとわに）を活用してお話の楽しさを味わうことを主眼とする学習が期待されています。また、その後の読書活動では、身近な地域ではなく、世界のさまざまな国や地域のお話を楽しむことへと変更されています。こうした変容は現場の声に応じてのものであるといえるでしょう。

読む、楽しむ、のいずれにしても、神話教材は扱いの難しさがありますが、さらにそれが枝分かれした学習活動となっているために、子どもたちはどの教科書が採択されている地域で育つかによって神話に対する学習そのものが変わってしまっています。そして教材研究の蓄積はおろか、異動もあり、神話を学校で習ったことない教員達にとっても知識や経験を積み重ねていくことが難しい現状があるといえます。

(2) 附属小学校における神話教材の教育実践

そのような中で、東京学芸大学附属小金井小学校では、学校司書の協力の下に学校図書館と連携して、さまざまな日本神話に親しみながら、神話教材を活用した授業を継続的に行っています。国立大学の附属小学校という整った環境の中ではありますが、十分な時間をかけた実践の好例を紹介したいと思います。平成二七年二月、筧理沙子教諭による第二学年の児童を対象にした単元名「しん話かるたを作ろう」の授業実践が行われました。学習材として、「いなばのしろうさぎ」（教育出版　二年下）の他、『日本の神話（全六巻）』（あかね書房）の読み聞かせや多くの神話絵本が用いられており、次のような単元の目標が設定され、学習指導計画が立てられました。

単元の目標「神話かるた作りを通して、色々な神話を自分で読もうとしている。（関心・意欲・態度）」「日本の神話に関心をもち、神話かるたを作ることができる。（言語についての知識・理解・技能）」
学習指導計画（全八時間）第一次：「神話かるたを作る」という学習課題をもち、学習計画を立てる。…一時間、第二次：「いなばのしろうさぎ」や『日本の神話』シリーズの読み聞かせを聞いて、神話かるたを作る。…六時間、第三次：作った神話かるたで遊ぶ。…一時間。

子どもたちは、すでに読書活動で多くの神話に親しんでおり、教師の読み聞かせや、自分自身でもさまざまなたくさんの神話絵本を楽しんで読み、かるた作りも意欲的に行っている姿を見て取ることができました。ただ、こうした活動が広く行われるようになるためには、教師による神話の読み聞かせの際には、普段使わない言葉や神々の名前が登場するので、ある程度経験を積むことが必要となること、また、子どもたちが活動を通して、「お話は似ているけど、主人公がオオクニヌシではなくオオナムヂなっているのはなぜか」といった神話の特性に関する疑問を出した際などには、適切に対応できるだけの正確な知識が求められますし、学校司書との連携も重要となってくるでしょう。つまり、教師自身の神話に対する読書経験や知識、教材研究の整備が早急に行われる必要があるのです。

三　系統的な学習の展開に向けた実践および教材研究

既述したように、初等教育の中だけでも昔話や神話・伝承のような物語群が学習対象とされているのは第一・二学年にとどまっており、第三・四学年では「文語調の短歌や俳句、ことわざや慣用句、故事成語など」、第五・六学年では「古文や漢文、近代以降の文語調の文章、古典について解説した文章」となり、中学校全学年では、「古典（古文・漢文）」となっています。換言すれば、学習活動の系統性は、保持されているものの、内容面での系統性・継続性については考慮されていないということになります。そこで公立小学校の第六学年での神話教材を用いた学習の実践の紹介と、発達段階が進んだ児童・生徒にとっても面白く読める神話教材開発の提案をしたいと思います。

⑴立川市立新生小学校における授業実践

まず、実践の事例を紹介します。東京都立川市立新生小学校、井上陽童教諭のもと、卒業を間近に控えた第六学年一組の子どもたちに対して、数回に分けて日本神話の絵本の読み聞かせを行いました。最初は神話の展開や登場人物の奇抜さに対して、訳がわからないという感想を持っていた児童も多かったのですが、次第に神話の面白さやつながりに魅力を感じ、引き込まれていく様子が見て取れることができました。このことから、昔話とはまた異なる魅力を子どもたちがたくさんの神話に触れる中で感じ取っていることがわかります。現代の子どもたちにとって、物語としての神話の面白さに触れ、神話の世界に慣れ親しむということが重要であるといえるでしょう。このような児童の実態を基に、読み聞かせの活動を予備学習０次として、井上教諭に協力頂き授業実践を行いました。以下に指導案を示します。

第六学年国語科学習指導案

平成二九年三月一四日
第五時
第六学年一組二七名
授業者　井上　陽童

一　単元名　「発見！神話の魅力」
教材名　舟崎克彦（著）・赤羽末吉（絵）（一九九五）「日本の神話」〈全六巻〉

二　本単元の目標
◎神話の読み聞かせを聞いたり、その魅力を紹介し合ったりする活動を通して、神話の面白さや不思議さを感じることができる。

三　単元の評価規準

ア関心・意欲・態度	イ読む能力	ウ言語についての知識・理解・技能
①読み聞かせを聞いたり、物語を読み取ったりする中で、神話に描かれている神様の性格や神様同士のつながり、今も実際にある土地や名所などに興味をもっている。	①神話に描かれている神様の性格や神様同士のつながりなどを読み取っている。 ②「神話の魅力紹介ポスター」を作る中で、神話の様々な魅力について自分の考えをもっている。	①神話の読み聞かせを聞いたり自分で読んだりすることを通して、神話には様々な種類の作品があることを理解している。

本時の指導

（一）本時の目標（全三時間中の第二時間目）

○「神話の魅力紹介ポスター」を作る中で、神話の様々な魅力について自分の考えをもっている。

（二）展開

○学習活動　■予想される児童の反応	・指導上の留意点　☆支援　◇評価
①これまでの流れを確認し、本時のめあてを知る。	☆教師が作った例示ポスターを示し、活動の見通しをもたせる。
神話の魅力紹介ポスターを作ろう	
②神話を手に取り、その魅力を探しノートに書く。	☆これまでの読み聞かせや、大澤先生のお

■やはり、ぼくはスサノオの暴れぶりがおもしろいなあ。
■顔を洗ったら、子どもが生まれるなんてすごい！

③ポスターを作る。
■神話の神様の系譜を書いてみよう。
■神話の世界と現実がつながっていることを、日本地図に表そう。

④本時を振り返って、学習感想を書く。
※学習感想の観点
・新たに発見した神話の魅力について
・ポスターの進み具合について

話、神話についての前時の一覧表、自分で読んだことを生かすよう助言する。
☆補助教材として、神話をグループごとに六巻準備する。

☆学習感想の観点を示す。
◇本時の活動を通して神話の魅力について自分の考えをもてている。
【学習感想・つぶやき】

学習の中で、子どもたちはそれぞれに工夫したポスターを楽しんで作成するとともに、東京学芸大学附属小金井小学校第二学年の児童にはみられなかった、いくつかの神話を関連づけて世界観を感得したといえる活動がみられたことは、発達段階により神話を読むことの可能性を示唆するものであるといえるでしょう。すなわち、神々の系統図を作ったり、気に入った神様について調べたりするなど、発展的な学習を行うことができたのです。

⑵新たな神話教材の提案

現職教員セミナーや教員免許状更新講習等で現場の先生方に伝統的な言語文化に関する講義を行ったり、ワークショップを行ったりする機会がありますが、その際聞こえてくるのは、神話の内容を子どもたちに教えてもいいだろうかという戸惑いです。現場の生の声としては、戦前の皇民化教育への回帰の恐れよりもむしろ、傍若無人な神々の振る舞いや残酷性であったり、あからさまな性的な表現も含まれたりする物語の教材としての学習価値の問題が大きいのです。そして、伝統的な言語文化の学習に積極的に取り組もうとする教員ほど、読書活動につなげようと努めている様子が窺える一方で、神話の中には初等教育上問題があり、子どもにふさわしくない表現が含まれていたりして、与えにくいというジレンマにも直面してしまうのです。昔話においてもこの問題はしばしば議論になりますが、ことに人間の根源的な問題が語られたり、生と死を主題としたりする神話には、どうしても赤裸々な人間模様が語られる傾向がより顕著であるといえるでしょう。このことは洋の東西を問いません。こうした現状に鑑みますと、「いなばのしろうさぎ」は昔話として読むこともでき、様々な意味で安心して与えられる、教材に適した神話であることがわかります。

ただ、それに留まらず、新たな教材開発も必要なのではないでしょうか。そこで神話教材として提案したいのは、東北地方に伝わる「赤神と黒神」の神話・昔話です。高天原系にも、出雲系にも属さないこの神話・昔話は、十和田湖の女神を巡って、男鹿半島の赤神と龍飛岬の黒神が争うというのは男女の愛も含めた人間模様を映し出しています。また、たくさんの神々が岩木山でその争いを見物したことで岩木山の形が今のようになったことや、戦いに勝ったにもかかわらず女神を手に入れることができなかった黒神のため息によって津軽海峡ができたなど、今を生きる子どもたちがすんでいるこの国土とつながりが感じられる物語なのです。何よりすばらしいのは、東北を縦断するスケールで語られており、神話らしい壮大さをもっているといえます。聖地巡礼のようにこれらの縁の地を実際に訪れようとすると、新幹線や飛行機や自動車などの現代文明の利器を駆使しても、数日はかかってしまうほどです。

例えば、これらの実際の地を背景にペープサートなどの紙人形を用いた物語の動画等が作成できれば、小学生から中学生まで楽しめる神話教材として活用できます。その時々の発達段階によって読み取る内容も深まり、自分たちの生きる現実世界と不可分ではないファンタジーの世界を味わうことができるのではないでしょうか。

それだけではありません。例えば、青森の昔話として光村図書では第五学年の教科書に「見るなのざしき」が教材化されていますし、また、「注文の多い料理店」や「雪渡り」「やまなし」など、多くの定番教科書教材がある宮沢賢治の童話「土神と狐」は、この神話を下敷きにした内容ですから、神話だけでなく、昔話や児童文学まで含めたその後の読書活動への展開も期待できる発展的な系統性をもつものであるといえるのです。

四　今後の展望と課題

戦後教育の流れを覆す形で、平成二〇年版学習指導要領に指導事項として伝統的な言語文化が加えられて以降、実際の、特に公立の教育現場では神話教材を学習活動の中に取り入れるようになりました。しかし、現状は突如として現れた神話教材に戸惑い、触れないままやり過ごすか、あるいは触れたとしてもさらっと流している学校が少なくありません。

しかし、昔話教材とのつながりを生かしたり、継続的で丁寧な実践活動を行ったりすれば、子どもたちは神話の面白さ、楽しさに気づき、その壮大でファンタスティックな世界観に目を輝かせるにちがいありません。

だからこそ、ほとんど議論がなされていない現状は、憂慮すべきものであり、そうした議論を神話学や教育学等の専門の研究者と現場の先生が連携しながら深めていくことが求められるでしょう。

参考文献

・石井正己編『児童文学と昔話』三弥井書店、二〇一二年。
・田近洵一・大熊徹・塚田泰彦編『小学校国語科授業研究 第四版』教育出版、二〇一〇年。
・橋本美保・田中智志監修、千田洋幸・中村和弘編『教育科学シリーズ01 国語科教育』一藝社、二〇一五年。

シンポジウム　アジアの教科書に見る昔話

中国の教科書と昔話 (1)

馬場英子

一　昔話を救え

二〇一六年六月一三日開催の中国民間文芸家協会第九次全国代表大会の開会の辞で、劉奇葆中国共産党宣伝部長が、「失われた民間故事（昔話）を救うのに一刻の猶予もない」と発言しました。

日本では、口承文芸関係の学会に国の大臣が出席、開会の辞を述べることは考えられませんが、中国における「文学」、その一ジャンルである「民間文学」(2) の位置づけが、日本の場合とは大きく異なることをご理解いただけるでしょうか。科挙試に代表される旧封建体制を支えてきた「古典（経典）」に対峙するものとして、中国では一九二〇年代以降、「民間文学」すなわち、民謡、わらべ歌や昔話が注目され、人民共和国成立後は、政府の指導の下、まず全国の少数民族居住地で、文化大革命終息後の七〇年代末からは全国すべての地域で、全面的な「民間文学」蒐集活動が行われたという歴史があります。

この発言を受けて、国営メディア新華網同年六月二九日は「中国の昔話はなぜ失われたのか」というテーマで、中国民間文芸家協会副主席、万建中北京師範大学教授へのインタビュー記事を掲載しています。国語教科書での昔話取り扱いにもかかわる問題ですので、まず万建中教授の回答から検討していくことにします。

万建中教授発言の主な論点に沿って、問題を見ていきます。

①　何が自分たちの「昔話」を忘れさせたのか？

万建中……「昔話」は、祖父母から孫へという世代間の伝承だったが、このような伝承が減った。これには、昔話を生み出した農耕社会の変化、西洋文化の流入と若者への影響、および方言問題がある。

「自分たちの昔話を救おう」2016年６月29日（新華毎日電訊６版）

魔法の筆の馬良（本文 74 頁参照）は溺れて、孫悟空に助け上げられようとしています

中国では、方言と共通語の差が大きく、公的場面では共通語の使用が必須なので、若い親たちは幼い子どもが方言の影響を受けることを恐れるあまり、祖父母が孫の面倒を見るのを拒み、地元の生きた昔話が、その命である方言ゆえに避けられ、伝承が断たれる事態になっています。

② なぜ祖先が残した「伝説」を救う必要があるのか？

万建中……伝説は、貴重な歴史文化遺産であり、文化生活の不可欠の一部である。伝統社会の哲学、思想、美学、道徳、宗教観を体現している。昔話には、多くの教育的要素が含まれており、以前は、昔話を語る主な目的は、子どもへの教育であった。中国には四大伝説と言われる「牛飼いと織女」「孟姜女」「梁山伯祝英台」「白蛇伝」をはじめ、広く各地に伝わる昔話がたくさんある。以前は誰でも知っていたのに、今の若い人は「白雪姫」とアンデルセン童話は知っていても、中国の話は、ほとんど知らない。

ディズニーアニメの影響は、日本でも顕著ですが、中国でも同様です。『グリム童話集』『アンデルセン童話集』は、児童向け文学全集の一冊などとして、児童書コーナーに何種類も並んでいて、教育熱心な親なら、まず買い与える図書になっていますが、児童向け「中国昔話集」の定番といえる一冊[3]は、無いようです。一九三〇年代には、[4]林蘭編として、しゃれた表紙の中国昔話集が、趙景深ら民間文学や児童文学の研究者、作家たちの共同編集で四〇冊近く出ていますが、それに匹敵するような子ども向けの昔話のシリーズは、いまだないようです。

中国の「四大伝説」を簡単に紹介しておきます。七夕伝説として日本でも広く知られる「牛飼いと織女」は、「織女が天から降りてきて、牛飼いと夫婦になる。西王母が気づいて、織女を天に連れ戻す。牛の遺言に従い、牛飼いは牛の皮をはいで、それにくるまり、子を連れて天に上り、夫婦は星になる」。この話には、意地悪な兄夫婦との兄弟葛藤から始まるものもたくさんあります。「孟姜女」は、秦の始皇帝の長城建築に駆り出された夫に冬着を届けに出かけた孟姜女が、夫が人柱にされて、長城の下に埋められたと聞いて、長城の前で泣く。すると長城が崩れて遺体が現れる、という話です。「十二月歌」などの民謡や地方劇でも親しまれています。「梁山伯と祝英台」は、男装して塾で学んだ祝英台が、帰郷に際し、学友の梁山伯に訪ねてくるように言う。梁山伯は、祝英台を訪ねて初めて女性と知るが、すでに英台は婚約しており、梁山伯は恋煩いで死ぬ。婚礼の日、祝英台が梁山伯の墓に詣でると、墓が二つに割れ、英台は墓に飛び込む。墓から二匹の蝶が舞い出る。相思樹相思鳥説話の系列につながる話です。「白蛇伝」は、白蛇の精が婦人の姿になり、西湖のほとりで若者許仙を見染めて夫婦になるが、法海和尚に夫婦の仲を割かれ、白蛇の精は、雷峰塔に閉じ込められる、という話。いずれも長い歴史を持ち、語り物や地方劇、民謡で広く人々に親しまれてきた文化遺産です。

③ 口頭文学遺産が伝播し伝承されるようにするには、なにによればいいのか?

万建中……中国の「昔話」を、もっと教材、特に小学校の教科書に取り入れればよい。私が子どもだった頃、小学校の教科書には、まだ、民謡、わらべ唄、「昔話」が載っていたが、今はほとんど無くなって、代りに唐詩宋詞などの「精英文学」があふれている。口頭文学は集団の知恵であり、集団の感情意識である。最も全面的に生き生きと広範な大衆の知識・学問、道徳観、生産技術と情緒を反映するものだ。一方、現在まで伝承された口頭文学は、「古典」である。一般に「古典」とは、儒家経典とか、作者の生活の認識や考え方を反映した個人の創作になる「精英文学」を指す。しかし、口承文学作品は、時間に洗われ、流伝の過程で時代に適応しないものは淘汰され、生き残った「精華」である。「昔話」は皆、可変性を備え、環境の変化に伴って自ら調整する。だから生命力に満ちているのだ。

万先生は、中国の教育界に対して、「古典」偏重の現在の「語文」（日本の国語に相当）教科書は、科挙試を支えてきた伝統的な「詩文」への安易な回帰だ、と警鐘を鳴らし、昔話こそ、人々の暮しの精華であり、「古典」として教科書に載せて伝承していくべきだ、と主張しています。

前置きが大変長くなりましたが、このような中国の昔話の現状を踏まえたうえで、現在の中国の小学校「語文」教科書には、実際にどのような「昔話」が載録されているのか、具体的に見ていくことにします。以下、本稿で「昔話」というのは、広く口頭で伝承した物語全般をいい、神話や伝説も含みます。

二　現在の中国の小学校「語文」教科書に見える昔話

中国の小学校の教科書は、学校ごとに選びますが、市や県など同じ地域では、そろえることが多いようです。人民教育、語文、教育科学、北京師範大学、上海教育出版社などの教科書は、評価が高く、全国で広く使用されているようです。今回は、他に「老百暁在綫」[5]に取り上げられている江蘇教育、湖北教育、湖南教育、長春教育、河北教育、西南師範大学の各出版社の教科書をあわせて比較検討しました（なお語文出版社の教科書は、語文出版社の教材研究センター編のA版と一二省の小学語文教材編集委員会共同編集によるS版と、二種類あります。全体的な印象では、この語文出版社の教科書が、昔話関連の教材を一番多く載せているようです）。

まずは、現行の小学校教科書にはどのような昔話が載録されているのか、上記の教科書から拾い出してみました（◎は複数の教科書に載録されていることを示します）。

(1)昔話

◎九色の鹿　敦煌壁画にある「鹿王本生」（ジャータカ）の話。九色の鹿が水に落ちた人を命がけで救う。鹿のただ一つの願いは、自分の居場所を誰にも知らせないことだったが、国王が九色の鹿を求めていると知ると、その人は、恩義ある鹿を裏切って、その居場所を教えた。

◎ボトンだ！（チベット）　池から聞こえる大きな音に驚いた兎が、恐ろしい物が来た、と騒ぐが、皆で確かめに行くと、果物が木から落ちる音だった。

◎**幸福の鳥**（チベット）　幸福の鳥を探しに行った若者が、黒髭の魔物が出現させた切り立った崖と、茶色い髭の魔物の砂漠と白髭の魔物の雪山を通って、鳥を手に入れ、連れ帰って故郷を幸せにする。

◎**「年」のいわれ**　大晦日の夜には「年」という恐ろしい化け物が襲ってくるので、人々は山に避難していたが、「年」は赤い色と音をおそれると聞いて、家の門に赤い紙を貼り、爆竹を鳴らすようになった。新年を迎えるときの風習の由来。

◎**牛飼いと織女**　天の織女が、牛飼いを見染めて天から下りてきて、夫婦となり、子どもも生れて幸せに暮すが、天の西王母に見つかり、織女は天に連れ戻される。牛飼いは、牛の遺言に従い、牛の皮にくるまれ、子を連れて追いかける。[6]

◎**日月潭の由来**（台湾）　台湾の阿里山に住む若い夫婦が、太陽と月を呑みこんだ悪龍を金の斧と鋏で殺し、太陽と月をこの世に取り戻す。夫婦は山と湖になった。

◎**賢いアファンティ**（ウイグル）　料理屋の前で弁当を食べた貧乏人に、店の主人が料理のにおいで食事した、と言って金をとろうとすると、アファンティが、銭の音を聞かせて「払いは済んだ」という。ナスレッディン・ホジャの物語として、トルコ系民族の間に広く伝わる頓智話。中国では、ターバンを巻き、ロバに乗るアファンティは、権力者をこけにする庶民の英雄として、広く知られる。

○**賢い徐文長**　徐文長は、足をぬらさずに二つの桶の水を、橋を渡って向こう岸に運ぶ等の難題（桶に縄をつけて川面に浮かべる）を解決する。徐文長すなわち徐渭（一五二一〜一五九三）は、明代、紹興の文人で、書、画、戯曲等に優れた作品を遺すが、奇行でも知られ、頓智話の主人公として、多くの話が伝わる。

◎**ネズミの嫁入り**　ネズミの娘に世界一の婿を探す、という日本でもなじみの話。

○**十二支の話**　十二支を決めるとき、鼠は日付を偽って猫を騙し、こっそり牛の背に乗って行って一番となる。日本でもなじみの話。

○**ふしぎな鳥**[7]（モンゴル）　ふしぎな鳥はすぐに捕まるが、連れてくる途中で、鳥の話を聞いてため息をつくと、鳥は逃げてしまう。枠物語になっていて、インドの説話集『屍鬼二五話』がチベットを経てモンゴルに伝わった、と言われる。

○**ケサール王の話**（チベット）　チベットの伝説の英雄ケサール王の遍歴の物語。チベット、モンゴルに広く伝わり、英雄叙事詩として歌い語られる。

○**ドンブラ**（カザフ）　カザフの民族楽器ドンブラの由来譚。

○**松明祭り**（イ族）　人々が幸せに暮らすのを見た

天帝が、ひがんでイナゴを降らせたので、松明で焼き殺した。これを記念して、旧暦六月二四日に虫送りを行うようになった。

○劉三姐（チワン族）　山歌（さんか）（掛け合い歌）の伝説の名人、劉三姐は山歌の競争で、「秀才（科挙受験生）」に勝つが、唱い続けて岩になったとも、天に昇ったとも伝えられる。

○馬頭琴（スーホと白い馬）（モンゴル）　馬頭琴の由来譚。日本の教科書にも採られている。[8]

○猟師のハイリブ（モンゴル）　ハイリブは鷹にさらわれた白蛇を助ける。白蛇は龍王の娘で、ハイリブはお礼に動物の言葉がわかる石をもらう。聞いた話をしゃべってはいけない、と言われるが、「山崩れが起きる」ことを、皆に知らせたために石になる。

○竹娘（チベット）　竹から生まれた娘が求婚者たちを難題で退け、幸せな結婚をする。田海燕『金玉鳳凰』（一九六一年）の話。おそらく『竹取物語』に由来する創作。[9]

◎馬良の魔法の筆　描いたものがすべて本物になる魔法の筆を手に入れた馬良は、船を描いて強欲な皇帝たちを乗せ、絵に描いた海のかなたの宝の島に追いやる。洪汎濤[10]の創作で、昔話ではないが、描いたものが本物になる仙人の話は、伝説などで広く知られるので、昔話と考えている人が多い。

○東郭先生と狼　助けた狼に食われそうになる「忘恩の動物」タイプの話、「中山狼」として主に書承で伝わる。

　以上、創作童話の「馬良の魔法の筆」も含めて、おおよそ昔話の範疇に含められると思う話は二〇篇です。このうち語言出版社の教科書にだけ載録されている話が八話、さらにその中の五話は語言S版一〇（五年後期用）の第一単元「多彩な民族文化」で紹介されている話です。一方、語言版に入っていない話は、「馬良の魔法の筆」を除くと、「十二支の話」「ネズミの嫁入り」「徐文長」の三話だけで、それぞれ一社ずつの載録です。語言版を除くと、万先生の指摘通り、教科書の「昔話」は、正に寥寥たる状況にあることがわかります。一節で言及されていた「四大伝説」についても、わずかに「牛飼いと織女」が、語文版二冊と、江蘇教育、湖南教育出版社版に載っているだけで[11]す。このうち語文S版と江蘇教育版は、作家の葉聖陶の文によっていて、兄弟葛藤から始まる、伝承された昔話に忠実なテキストになっています。

　一方、台湾の話を含め、一一話が少数民族の話で占められるのは、多民族国家を意識した教材の選択といえるでしょう。中には、「竹娘」（チベット）のように、今では、ほぼ日本の『竹取物語』に影響されて作られた、と考えられている問題作がとられているなど、選択基準に疑問を感じる話もあります。

ほとんどの教科書に出ていたのは、「九色の鹿」です。ジャータカに由来する「忘恩の人」タイプの話で、『今昔物語集』にも入っています。もっぱら書承によるのでは、と思いますが、昔話に入れておきました（なお、「猟師のハイリブ」と「日月潭の伝説」は、手元の北京師範大学の三年用の教科書で見つけました。いずれも補充読み物の扱いで、目次には出てきません。他にもこのような見落としがあるかもしれないことを、お断りしておきます）。

次に、神話について見てみます。

(2) 神話

◎**盤古の天地開闢**

◎**女媧、天を繕う、女媧、人を造る**

◎**羿が太陽を射る**　一〇の太陽がいっぺんに出たので射て、一つだけにする。

◎**禹の治水**　父鯀と二代にわたる治水工事で、大洪水を治める。

◎**夸父、太陽を追う**　巨人の夸父は、太陽を追いかけたが、太陽の熱で、のどが渇いて死んで山になり、夸父の杖は桃林になる。

◎**精衛が海を埋める**　炎帝の娘精衛は溺死して鳥に生れ変り、海を埋めようと木の枝をくわえてきては海に落とし、ついに埋めた。

○**神農が薬草を試す**　五穀を発見し、農具を作った太陽神炎帝は、神農と称えられる。さまざまな草を試して処方を見つけるが、断腸草の毒に当たって死ぬ。

これらは、「盤古開天」「女媧補天」など四字成語として広く知られるもので、ほとんどの話が、複数の教科書に出ています。きちんと統計を取ったわけではありませんが、本文を伴わず成語だけ挙げられているものまで含めれば、盤古の天地開闢から堯・舜・禹の治世に至る神話時代について、どの教科書でも一通り学ぶことになるのではないでしょうか。

神話についての本文のうち、作者、出典が明記されているのは、いずれも袁珂(12)の『古代神話』です。作者不明とするものでも、内容は、袁珂の『古代神話』に準じているようで、袁珂の神話研究の影響力に改めて感心します。上記の神話の中でも、特にほとんどすべての版に載録されているのが「夸父、太陽を追う」です。『山海経』の「大荒北経」と「海外北経」に見える話を参考までに引いてみます。

「夸父不量力，欲追日景，逮之于禺谷，将飲河而不足也，将走大沢，未至，死于此」（「大荒北経」）

「夸父与日逐走，入日。渇欲得飲，飲于河渭，河渭不足，北飲大沢。未至，道渇而死。棄其杖，化為鄧林」（鄧は桃）（「海外北経」）

　夸父は、太陽を追いかけて死んだ巨人で、「夸父、太陽を追う」即ち「夸父追日」は、もともと「身の程知らず」というマイナスイメージの成語として知られていましたが、袁珂の著作では、夸父は英雄の気概にあふれ、勇敢に太陽と競争し、途中、のどの渇きのために渭水、黄河の水を飲みますが、足りず、結局、死んでしまいます。勇猛に立ち向かう精神が人々を鼓舞し、杖が桃林となったことで、後の人の渇きをいやした、と夸父の意志の強さが評価され、この四字成語の意味も「大志を抱くこと」に変わっています。また、夸父が渇きのために倒れて山になった場所について、袁珂は、河南省霊宝県の東南、陝西省太華山に連なる一帯だとしています。太陽を捉まえるために振り回した杖が、桃の林になった、と『山海経』でいうように、この一帯は今も一面桃林が広がり、霊宝県には今も夸父の伝説が語られています[13]。

　日本では、神話というと、『古事記』『日本書紀』がまず思い浮かび、それらの文献に記された過去のものと考えるのが、一般的ではないでしょうか。中国では、日本よりずっと古くからさまざまな文献に神話の断片は、いろいろな形で記されていますが、これぞ「中国神話」と言えるような書物はありませんでした。一方で、盤古の話や女媧の話など、口承で、今もあちこちで語り伝えられており、昔話と神話、伝説の区別はあいまいです。

　最後に、直接、昔話とは結びつかないものが多いですが、伝統文化にかかわるものとして、年中行事に関するものを挙げておきます。

⑶年中行事

元宵節（灯篭祭り）　春節（旧正月）と一五日の灯篭祭りについて。

清明節・寒食　晋の文公重耳は、山で焼死した恩人の介子推を忍んで、清明節（春分後一五日目）前の三日間を寒食（炊事をしない）とした。

端午節　端午の節句の由来、粽と龍舟競争について。

立夏　体重を測り、夏負けしないようにゆで卵を食べる。

重陽節　河南省汝南の桓景は、仙人費長房の指示に従い、瘟魔が襲ってくる九月九日には、村人に高い所に登り、茱萸の葉を身に着け、菊花酒を飲んで瘟魔除けをさせた。

中秋節　遠くにいる家族も里帰りし、日本のお盆のように、一家団欒する。

水かけ祭り　雲南のタイ族の正月。
松明祭り（イ族、ペー族）　イ族の話は73頁参照。ペー族では、唐代、南詔王皮羅閣は近隣の諸王を焼き殺し、皮羅登の白潔夫人を奪おうとした。夫人は洱海で入水自殺し、これを記念して六月二五日に行う。

中国では、春節（旧正月）、旧一月一五日の元宵、端午、中秋を四大節句として祝いますが、そのほかにも先祖の墓参りをする清明節や夏負けしないようにゆで卵を食べる立夏の風習など、特色ある伝統行事がいろいろあります。それらのいわれを知るのも、自国の文化理解の一環として取り上げられています。

三　まとめ

中国の主な小学校語文教科書について、昔話、神話、伝統行事などを概観しました。万先生の話にあったように、たとえば四大伝説といわれる話でも、「牛飼いと織女」しか取り上げられていないなど、確かに教科書に載録された中国の昔話は少ないようです。「孟姜女」などは、民謡でも広く歌われ、秦の始皇帝の全国統一、長城建設にからめて歴史的にもいろいろな広がりを持たせることのできるテーマだと思いますが、どの本にも載録されていないようです。

これに比して、アンデルセン童話は、「マッチ売りの少女」「とびだした五粒のエンドウ豆」「醜いアヒルの子」「皇帝の新しい服（裸の王様）」など、ほぼすべての教科書に載録され、二話以上出てくる教科書もあります。グリム童話も「白雪姫」「シンデレラ」「ブレーメンの音楽隊」「ハリネズミのハンス」が掲載されています。たとえば「ハリネズミのハンス」は、子のない夫婦がハリネズミでもいいから、と祈ってハリネズミの子を授かり、ハリネズミは家を出て、後に結婚をして、皮を焼いて美しい若者になります。この話は、漢民族の「カエル息子」、チベットの「カエルの騎手」などで知られる中国の代表的な昔話の一つでもあります（中国の話を選ばず、なぜわざわざ『グリム童話集』の話を選ぶのでしょうか？　うがった見方をすると、『グリム童話集』という外国の本に入っていることが、価値ある証拠となっているのではないでしょうか）。

もう一つの万先生の警鐘、古典の偏重も強く感じました。例えば評価の高い人民教育出版社版一年後期の教科書には、他社のものには珍しいわらべ歌や謎も出ていますが、李白の「静夜思」、白居易の「池上」に宋の楊万里の「小池」と、詩三首が暗唱教材として出ています。

泉眼無声惜細流　わき水は音もなくひそやかに流

れ

樹蔭照水愛晴柔　　樹蔭が水にやさしく映る
小荷才露尖尖角　　小さな荷(はす)が、尖った葉先を微かに水面に現わすや
早有蜻蜓立上頭　　早くもトンボが来てとまる

簡体字とはいっても、字を覚えるだけでも大変です。

さらに二年生からは、どの教科書にも「寓言」として、坐井観天(韓愈『原道』)、亡羊補牢、狐假虎威、驚弓之鳥、鷸蚌相争(以上『戦国策』)、守株待兔、自相矛盾(『韓非子』)、水滴石穿(『漢書』枚乗伝)、愚公移山(『列子』)、掩耳盗鈴、伯牙断琴(『呂氏春秋』)など古典を出典とする四字成語が、簡単な説明文を伴って、毎学期三つくらいずつ、出てきます。説明文は現代文ですが、古文への導入になっているのでしょう。ほかに、『西遊記』『三国志演義』『水滸伝』など長編小説も有名な部分から少しずつとられていて、古典の知識を増やすように配慮されています。

中国のわらべ歌、なぞなぞには言葉遊びとしてとても面白いものがたくさんありますが、上海版に工夫がみられるほか、ごく一部の教科書にしか載録されていないうえ、とりあげられているものの多くは、十二支の歌、二十四節季の歌、字をあてる謎など知識を覚えさせるもので、言葉遊びの面白さは考慮の埒外のようです。

それにしても悠久の歴史をもつ中国の子どもたちは、覚えることがたくさんあって、たいへんです。

注

1　本稿では、「昔話」を伝説や神話も含めて、広く口頭で伝承された散文の物語という意味に使う。

2　「民間文学」は、五四新文化運動後に広く使われるようになった言葉で、はっきりした作者が無く、人々の生活文化の中で長く伝承され、口頭で流伝し、流伝の過程で絶えず人々による改訂を受けてきた文学作品をいう。神話、史詩、「故事」(昔話、伝説)、歌謡、諺、語り物、民間小戯など。

3　林蘭は、上海の北新書局社主李小峰のペンネーム(妻の名に因む)。趙景深が編集の中心になり、周作人の『徐文長故事』をはじめ、孫佳訊、何公超、白桃ら優れた書き手による昔話集を次々発刊した。

4　一九〇二～八五年。浙江省麗水出身。復旦大学教授、中国戯曲、民間文学専攻。早くから児童文学に関心を持ち、アンデルセン童話、グリム童話を最初に本格的に研究、紹介した。

5　https://www.lbx777.com/default.html
小学校の語文教科に関するサイト。個人の運営らしいが、主要教科書の本文のほか、教案、各課の朗読、資料、課題案まで載せる。今回、教科書本文参照に利用した。

6　口承では、意地悪な兄夫婦が、弟に牛一頭だけ与えて追い出す。弟は勤勉に農作業に励む。牛が天の織女が下りてくる場所を教える、という兄弟葛藤で始まる話が多く、葉聖陶の文はこの兄弟葛藤から始まる。

7　「モンゴルの昔話。甘珠爾扎布記録、整理。道布翻訳」と珍しく原作についての註がある。

8　モンゴル本来の昔話ではない、という検証は、建国当時の少数民族政策、昔話整理の問題としても興味深い。詳しくはミンガド・ボラグ『スーホの白い馬の真実』風響社、二〇一七年。

9　宋成徳「『竹取物語』、「竹公主」から「斑竹姑娘」へ」(『京都大学国文学論叢』一二、二〇〇四年、七二～七七頁)ほか。

10　一九二八～二〇〇一年、浙江省浦江出身。児童文学作家。

11　一八九四～一九八八年、蘇州出身。作家、児童文学作家。人民教育出版社社長など。

12　一九一六～二〇〇一年、成都出身。中国の神話学者。山海経を研究。『中国古代神話』『中国神話伝説』など。

13　中国民間文芸研究会河南分会等編『河南民間故事集』(陶陽・鍾秀編『中国神話』上海文芸出版社、一九九〇年)。

韓国の教科書と昔話

金　廣植

一　はじめに

日本では子ども向けの絵本や昔話集が数多く出ています。最近、『教科書にでてくるおはなし366』（WAVE出版、二〇一七年）という本が出たので、早速読んでみました。この本には戦後日本の教科書に収録されたイソップ寓話、アンデルセン童話、グリム童話をはじめ、イギリス、ノルウェー、トルコのみならず、ロシア、モンゴル、中国、日本の昔話・伝説・神話が数多く掲載されています。残念ながらその中には韓国・朝鮮の昔話は入っていません。しかし、日本の現行教科書には「三年峠」と「ウサギのさいばん」（恩を知らない虎）などの韓国昔話が掲載されていますし、関連研究も行われています。また、日本・韓国・中国の教科書の中で昔話を最も多く活用している国は韓国だと思います。ここでは、解放後における韓国教科書（日本の小学校に該当する初等学校の教科書）に収録された韓国・朝鮮の昔話を取りあげたいと考えていますが、本論に入る前に一九四五年までの状況を簡単にふれたいと思います。

近代日本で朝鮮半島に対する関心が高まるのは、日清戦争（一八九四～一八九五年）以降です。この時期に数多くの朝鮮関連書が相次いで刊行され、新聞・雑誌でも朝鮮関連の記事が急速に増えていきます。その広がりは児童物にも見られ、限定的ではありますが、巌谷小波（一八七〇～一九三三年）らによって朝鮮の昔話が「お伽噺」という名で紹介されています。日露戦争（一九〇四～一九〇五年）をへて「韓国併合」（一九一〇年）になると、朝鮮を統治した朝鮮総督府は、朝鮮語に代わって日本語を「国語」にして、「国語」を朝鮮の児童に学習させるために全力を注ぎます。

しかし、「同化」への道程は決して順調ではありませんでした。日本と韓国は歴史と文化が異なります。

三年峠の漫画（『国語나　3-2』2014年）

何よりも言葉が違います。一九一三年末、朝鮮人における日本語識字率は、わずか〇・六一パーセント、一九一九年末は二・〇パーセントに過ぎませんでした。一九三〇年に実施された朝鮮国勢調査では、六・八二パーセントになりましたが依然として低い数値です。一方、同調査における朝鮮語（ハングル）の識字率は二二・二三パーセントに達しています。日本「内地」と違って朝鮮では、一九四五年まで義務教育は実施されず、就学率は依然として低く、就学したとしてもその九割は初等教育に留まりました。このような状況の中で、朝鮮語を母語とする朝鮮児童にとって日本語を解読するのは容易ではありませんでした。

植民地台湾と違って朝鮮は、面積が広く人口も多くて、朝鮮総督府の教育機関の整備も充分ではありませんでした。総督府は朝鮮を政治・経済的に支配したものの、朝鮮の人々を社会・文化・教育的に支配することは順調に進まず、結局敗戦に至りました。総督府教科書を刊行した学務局編輯課は、限られた予算と財政の中で効率的な日本語普及を模索しました。その中の一つの手段がまさに昔話の活用だったと思います。とくに朝鮮総督府は、日本伝来の昔話よりも、より馴染のある朝鮮伝来の昔話を大きく取り上げていました。朝鮮昔話を日本語で学習させることによって、日本語学習に対する興味を高めようとしたと思われます。実際に学務局編輯課は、一九一二年、一九一三年、一九一六年に三回にわたって朝鮮の「童話」(今日の昔話)・伝説・俚諺(諺)などを調査しました。この調査は、総督府第一期の日本語教科書『国語読本』(全八巻、一九一二〜一九一五年)への収録には間に合いませんでした。

第二期の『国語読本』(全八巻、一九二三〜一九二四年)には、一九一〇年代に実施した調査を活用して一〇数編の朝鮮昔話を収録しています。たとえば、日本の「古屋のもり」によく似ている「虎より怖いくしがき」、お坊さんを親切に世話して宝を得た末っ子の話「三ツノタカラ」、日本の「猿の生き肝」(くらげ骨なし)によく似ている「亀のおつかい」、宝の玉を得たが互いに譲り合ってもう一つの玉を得る友愛の話「なかのよい兄と弟」、仙女の羽衣を拾った孝行者が天桃を得て父を助ける話「もものみ」、三姓が出て日本から三人の女性が渡来したとする済州島の創世記「三姓穴」、多婆那国で卵から生まれて新羅に渡って第四代王様になったとされる「昔脱解」、朝鮮から日本に渡って尊敬されたとされる話「日の神と月の神」(延烏郎と細烏女、韓国の史書『三国遺事』では日本に渡って王になったと記録されていますが、総督府教科書には小島に渡って尊敬されたと改変されています)など、今日の韓国人なら誰でも知っている話がずらりと並べられてあります。

第二期の日本語教科書は、芦田恵之助(一八七三〜一九五一年)によって刊行されたもので、芦田は日本昔話「桃太郎」や「花咲か爺さん」などを全く入れずに、純粋に朝鮮昔話だけを収録したのです。同時代の日本・台湾の国定教科書と比べても、芦田の『国語読本』は異色を放っています。ここで注意しなければならない事実は、芦田は朝鮮昔話を多く収録したものの、日本と関わりがあるとされる話や日韓の類話を意図的に改作して取り入れたということです。芦田は、一九一九年に植民地支配に反対して朝鮮全土で起きた三・一運動以降の朝鮮人の民族運動の動きを断ち切り、「内鮮融和」を図るために朝鮮昔話を活用しようとしました。同時期に学務局編輯課は朝鮮初の伝来童話集『朝鮮童話集』(朝鮮総督府、一九二四年)を刊行しています。『朝鮮童話集』はグリム童話の研究者である田中梅吉(一八八三〜一九七五年)によるものです。田中と芦田が注目して取りあげた朝鮮昔話は、今日の子ども向けの韓国昔話の広がりとその定着に大きな影響を与えています[1]。

一方、朝鮮語教科書にも日韓共通の朝鮮昔話が多く収録されていました。第一期の『朝鮮語及漢文読本』(全六巻、一九一五〜一九二一年)には、朝鮮昔話「瘤付き老人」(瘤取り爺さん)、「興夫伝」(腰折れ燕)などが、第二期の『朝鮮語読本』（全六巻、一九二三～一九二四年）には「瘤取った話」（瘤取り爺さん）、「物言う亀」などが、第三期の『朝鮮語読本』（全六巻、一九三〇～一九三五年）には「穴に落ちた虎」（恩を知らない虎）、「瘤取った話」（瘤取り爺さん）、「三年峠」、「モグラ」（日本のネズミの嫁入りの類話）などが収録されています。解放直後の韓国語教科書は、急いで刊行しなければならなかったという事情も働いて、とくに第三期の『朝鮮語読本』から大きな影響を受けています。

解放後の教科書における植民地主義の影響については早くから指摘されてきたので、その内容も少しずつ変わってきました。一九九〇年代以降は、とくに「瘤取り爺さん」や「三年坂」などの収録をめぐって、よりラディカルな議論もなされています。

日本では前近代の文献に「瘤取り爺さん」や「三年坂」に関する記録が存在します。しかし、韓国では前近代の文献には「瘤取り爺さん」や「三年峠」に関する記録が今のところ確認されていません。それで一部の研究者は、「瘤取り爺さん」や「三年峠」はそもそも韓国には存在しなかった話であり、朝鮮総督府が「内鮮一体」のために無理に作り出して、教科書に収録したと主張しています。(2) いうまでもなく、このような主張は、実証に基づいたものではなく、推測に過ぎません。また先述したように、「瘤取り爺さん」は第一期から第三期まで収録されましたが、「三年峠」は第三期に初めて登場した話で、時期と教材の目的や性格が大いに異なります。ここでは推測ではなく、より実証的かつ普遍的な立場にたって、韓国昔話と教科書の収録過程とその意味を考えてみたいと思います。

二　解放後における昔話教育

さきほど韓国の教科書には昔話が数多く収録されていると話しましたが、その実像を反映して教科書に収録された児童向けの昔話集の刊行も非常に盛んです。たとえば、『改訂新版　教科書世界伝来童話』全五二冊（韓国トルストイ、二〇一六年）、『教科書我が伝来童話』全一〇〇冊（韓国ヘルマンヘッセ、二〇一五年）などのシリーズをはじめ、『一年生が必ず読むべき教科書伝来童話』（ヒョリウォン、二〇一五年）、『書きながら読む教科書伝来童話』（チェウリ、二〇一五年）、『初等教科書から選んだ伝来童話』（乙巳素、二〇一六年）などが相次いで出版され、売れています。子どものいる家庭の本棚を覗くと、必ずといってもいいぐらい、子ども向けの韓国昔話集＝伝来童話集のシリーズがおいてあります。それも影響し、韓国人は古典的な韓国昔話をよく知っています。このようなセット本の大量流通と消費によって、韓国昔話の内容は固定化してパターン化がさらに進んだといえるでしょう。

韓国の子どもは、初等学校に入学する前から伝来童話集に接するだけではありません。韓国では「美しい話のおばあさん（ハルモニ）」という国の事業があります。この事業は二〇〇九年から文化体育観光部の支援のもとで、韓国国学振興院が主管していますが、三歳から六歳の子どもを対象に二五〇〇名ほどのハルモニを全国の保育園・幼稚園（年間二六週）に派遣して、昔話を聞かせる大型のプロジェクトです。二〇一六年には全国六六〇〇余りの機関で口演活動を実施したというから驚きです。また、韓国の主要な図書館や博物館でも昔話を活用した子ども向けのプログラムを運営しています。ハルモニたちは韓国国学振興院が選定した韓国昔話などを暗記して実演していますが、これからは専門家も交えての改善策が求められます。このような試みが韓国昔話の固定化とパターン化をさらに推し進めるのではなく、地域にいきる様々な類型の話と個性を活かす入口になることを期待します。

韓国の図書館・博物館と保育園・幼稚園でのこのような動きは、韓国教科書に昔話が多く収録されていることに起因します。先述したように、植民地期に日本語と朝鮮語教科書には多くの朝鮮昔話が収録されていました。実際に解放直後の教授要目期（一九四五～一九五四年）には、その影響を受けて二〇話ほどの昔話が続けて収録されています。しかし、第一次教育課程（一九五四～一九六三年）から第四次教育課程（一九八一～一九八七年）までの時期は半減しています。第五次教育課程（一九八七～一九九二年）からは重複を含めて五〇前後の韓国昔話が続けて収録されるようになりました[3]。

一九九〇年前後、教育現場で韓国昔話が再び注目を浴び、関連の単行本が相次いで刊行され、関連研究も多くなりました。昔話教育は教科書に留まらず、「美しい話のおばあさん（ハルモニ）」の実演、博物館での見学につながる形になっています。現在、韓国の初等学校の韓国語教科書は国定教科書なので、公教育において昔話教育は制度化しているといえるでしょう。

冷戦の終焉、韓国の経済発展と民主化、社会の多様化が進む中で、欧米中心の近代化を省察的に見直し、伝統文化に対する関心が高まっていきました。その中で韓国昔話は、教育的な配慮が施されて「伝来童話」として注目されるようになりました。一般に童話は、教育的意味合いも働いて、教訓的な内容が目立ちます。実際に、李元壽・孫東仁・崔来沃編『韓国伝来童話集』全一五巻に収録された四〇二話の中、教訓智慧童話は六四・二パーセントを占めています[4]。

三　韓国語教科書と昔話

　第五次教育課程期以来、口碑伝承の教材が増大されると共に、一教科の多教科書化（書き方・読み方・話し方、聞き方の分冊）によって特定の話が繰り返し収録されています。とくに内容的に教訓性を帯びた題材が多く登場します[5]。先行研究において大多数の研究者は、伝来童話の価値を無条件に肯定しています。韓国昔話の教育的価値を強調し、韓国昔話は「人生の方向を提示し、韓国的情緒と価値観を形成」すると主張しています。グローバル時代において「価値観の混乱を最小化」して「伝統の価値観が反映されている伝来童話の教育的価値は非常に重要である」。また、「伝来童話の中には我々の先祖の風習・慣習・生活・思想・信仰などが入っており、先祖の根強い力と慧眼、輝かしい智慧、素朴な夢などが溶け込んでおり、それを通して伝統文化を継承・発展させていくことができる」と多くの研究者が主張しています。このような主張は教師用指導書の内容と全く同じです。多くの研究者は、国定教科書の執筆者の言説を鵜呑みにしています[6]。

　韓国昔話の教育がグローバル時代の価値観の混乱を最小化するためにどれほど役立つのか疑わしい上に、伝統文化を無条件に絶対化する言説にも危険性を覚えます。そもそも伝統文化とは固定不変のものでなく、常に時代精神との格闘の中で変容し続けるものではないでしょうか。いうまでもなく昔話には、「教育的有用性も少なくないが、時代錯誤的な限界もあります[7]」。また、昔話の持つ「民族文学や文化の精粋」のような抽象的価値やイデオロギーではなく、昔話の持つ固有の特徴と多様な意味あいを捉えなければならないと思います[8]。

　神話・伝説と違って、昔話はシンデレラの話のように、特定の地域ではなく普遍的に存在する話が多くあります。とくに韓国と日本は、地域的に近く多様な交流をしてきたので、共通の昔話を多く持っています。このような共通の昔話は、植民地期に支配のために利用された側面があります。これからは歴史を直視して共通性のみならず、違いにも注目していかなければなりません。植民地期を含めて韓国語教科書に五回以上繰り返して収録された韓国昔話をまとめたのが、【表1】です。

　【表1】のように、「フンブとノルブ」（腰折れ燕）、「三年峠」（三年坂）、「金の斧銀の斧」、「瘤取り爺さん」、「鼈主簿伝」（猿の生き肝）、「樵と仙女」（天人女房）、「若返る泉」、「日と月になった兄妹」（天道さん金の綱）は、韓国と日本に共通する昔話です。また「金の斧銀の斧」、「瘤取り爺さん」、「鼈主簿伝」、「樵と仙

【表1】五回以上収録された韓国昔話の目録

	昔話の題名	主題	植	教	1	2	3	4	5	6	7	07	09	計
1	フンブとノルブ（腰折れ燕）	禁欲	○	○	○	○	○	○	○	○	○	○	○	11
2	兎の裁判	智慧	○	○				○	○	○	○	○	○	8
3	仲のいい兄弟（へらない稲束）	友愛	○	○	○	○	○	○		○		○	○	9
4	三年峠（三年坂）	智慧	○	◎	○	○			○	○	○		○	9
5	韓石峰と母	努力	○	◎	○		○	○	○	○				8
6	黄喜関連の話	配慮	○	○				○	○	○	○	○	○	8
7	金の斧銀の斧	禁欲	○	○	○			○	○	○		○		7
8	瘤取り爺さん	禁欲	○	○					○	○	○			5
	金の砧銀の砧	禁欲									○	○	○	3
9	恩返しの鵲	報恩	○	○					○	○	○			5
10	有名な裁判	智慧	○	◎							○		○	5
11	兄弟投金（兄弟と玉）	友愛	○						○	○	○	○		5
12	鼈主簿伝（猿の生き肝）	智慧	○							○	○	○	○	5
13	樵と仙女（天人女房）	報恩	△		○	○				○	○	○	○	6
14	若返る泉	禁欲		○	○				○	○	○	○	○	7
15	日と月になった兄妹（天道さん金の綱）	禁欲							○	○	○	○	○	5

16	殿様に大根と牛を捧げた人	禁欲						○	○	○	○	○	○	6
17	牛となった怠け者	勤勉				○		○	○	○			○	5

＊詳細は金廣植（「韓国の教科書と昔話」、二〇一七年）を参照。傍線は日韓共通の昔話。「植」は植民地期総督府教科書、「教」は教授要目期。神話・伝説・古小説などは除いたが、昔話化しているものは追記。△は別の類型、◎は二回収録の話。本文は、テクストのみならず、聞き取りの教材、漫画、演劇などを含む。

女」、「若返る泉」などは世界に広く存在する話です。

しかし、先述したように、この中で「瘤取り爺さん」と「三年峠」だけは、植民地期に意図的に作り出されたという主張がなされています。とくに「瘤取り爺さん」は第一期から第三期まで続けて収録されており、批判が高まりました。それで「瘤取り爺さん」は第七次教育課程（一九九七〜二〇〇七年）を最後に収録されていません。その代わりに「金の砧銀の砧」が収録されています。山でドングリを拾った男が空き家に泊まる。トケビ（韓国の鬼）が出て隠れたが、お腹が空いて（または怖くて）ドングリを噛む。その音にトケビは家が崩れると思って、金の砧銀の砧を忘れて逃げる。男はそれを得て幸せに暮らすが、それを真似した人は失敗するという話です。瘤というモチーフはありませんが、「瘤取り爺さん」とよく似た話です。

実は、一九一三年に学務局に報告された手書きの原稿には、多様な形の九つの「瘤取り爺さん」が見られます。少なくとも教科書に収録される以前に「瘤取り爺さん」が存在していたことが分かります[9]。

【表1】で示したように一七話の中の一三話は、植民地期にも収録された話です。その中の「樵と仙女」は、植民地期には孝行者が天桃を得るという類型が収録されています。また、その一三話の中の一〇話は解放直後の教授要目期に収録されていることからその直接な影響関係を確認することができます。金基昌氏は、第三期『朝鮮語読本』と教授要目期に収録された「瘤取り爺さん」、「三年峠」、「仲のいい兄弟」などの内容は同じだと主張しました[10]。しかし、「瘤取り爺さん」の内容は異なります。また、「三年峠」は【表2】のように後半部が削除されています。植民地期との「連続性」を捉えるのは非常に重要な問題ですが、その作業は実証的に検証しなければならないでしょう。

「三年峠」は、一九三〇年代に朝鮮総督府が実施し

【表2】「三年峠」のテクスト比較

『普通学校朝鮮語読本』巻四第一〇　三年峠、1933年、いずれも原文はハングル。

『初等国語教本』中、1946年。『国語』3-2、1953年（解放後は傍線を削除して再収録）。


昔ある片田舎に一老人がいました。ある日、市場から帰る途中、ある峠を越えようとして間違って石につまずいて転倒しました。

この峠は三年峠という峠で、ここで一度倒れた人は、三年しか生きられないという話が伝わっていて（中略）この話を聞いて尋ねてきた者は、隣に住む少年でした。彼は老人の病室に入って見舞いをした後、

「三年峠でお倒れになったことなら、それほど心配なさる必要はありません。（中略）もう一度お倒れになれば結構です。（中略）」（中略）老人は（中略）長生きしたそうです。

皆さんはこのような話を聞くと、この世の中で昔から伝わる話の中には、信じられないことが多いことが分かるでしょう。信じられないことを信じるのが迷信です。鬼やトケビがこの世にあると考えるのも迷信です。鬼やトケビは、人々が作り出した話の中にはありえても、実際はいません。およそ迷信に溺れるのは、文明人としてはこの上ない恥です。


た農村振興運動の政策意図を反映する形で、迷信打破の教訓として再「発見」された側面があります[11]。先行研究では昔話と「内鮮一体」のみに注目してきましたが、これからは時期別推移と政策別経緯をも踏まえて研究しなければなりません。

【表1】の「フンブとノルブ」「兎の裁判」「仲のいい兄弟」「金の斧銀の斧」「三年峠」のように、植民地期から今日まで続けて収録された話がある一方、「韓石峰と母」「瘤取り爺さん」「恩返しの鵲」のように、植民地期と解放直後は収録されたものの、近年は収録されない話もあります。前者にスポットをあてて植民地との連続性を、後者にスポットをあてて植民地との非連続性を強調するのではなく、教科書と共に昔話集との関わりを通した複合的な影響関係を捉える必要があると思います。

四　現行教科書における昔話

韓国の教育課程は、第七次までは約一〇年ごとに改訂されてきましたが、二〇〇七年からは随時改訂体制にかわり、二〇〇九年と二〇一五年に改訂されました。二〇一五年改訂は二〇一七年から教科書が出ています。二〇一七年度は一年・二年生用の教科書（一二冊、『国語』八冊、『国語活動』四冊）が出ています。それ

【表3】現行教科書に収録されている韓国昔話

	題名	単元の目的	主題	備考、媒体
1-1国語活動나	餅を食べる競争	正しい文章	笑話	テクスト
1-1国語나	虎と兎	正しい文章	智慧	テクスト
1-2国語나	虎と干し柿	想像力	笑話	テクスト、漫画
1-2国語나	殿様に大根と牛を捧げた人	想像力	禁欲	テクスト
1-2国語나	多才な五兄弟	想像力	智慧	聞き、漫画
1-2国語活動나	塩の出る磨り臼	想像力	禁欲	テクスト
2-1国語가	雄鶏と豚	面白さ	勤勉	テクスト
2-1国語가 2-2国語가 4-2国語가 5-1国語活動가	フンブとノルブ フンブとノルブ フンブとノルブ ノルブ伝	順序別に 対話力 話の整理 内容の把握	友愛 禁欲	聞き 相槌、人形劇練習 漫画、重要な事件は？ 演劇
2-1国語活動나	チュンチの骨	感想の表現	友愛	テクスト
2-1国語나 3-2国語活動나 3-2国語나	鼈主簿伝（鼈と兎）	話の中へ 話の表現 話の表現	智慧	漫画みて内容整理 役割劇の準備実行 演劇、気持ちの読み
2-1国語나 2-2国語나	日と月になった兄妹	話の中へ 楽しい人形劇	禁欲	人形劇 人形劇の種類
2-2国語나	泥棒のパガジ物まね	面白い言葉	笑話	動物の物まね
2-2国語나	小豆粥のお婆さんと虎	楽しい人形劇	笑話	人形劇、表現

1-1国語活動나 2-2国語가	樵と鹿 樵と仙女	分かち書き 話を作る	報恩	演劇、前半部のみ 漫画、次の場面は？
2-2国語가	白頭山の長生草	話を作る	孝行	テクスト
2-2国語나	仲のいい兄弟（へらない稲束）	楽しい人形劇	友愛	人形劇
2-2国語나	牛となった怠け者	人形劇公演	勤勉	テクスト
3-1国語나		表現		感想文、手紙、詩、漫画
3-1国語가	トケビを騙した農夫	感動	智慧	テクスト
3-1国語가	若返る泉	内容の整理	禁欲	聞き、漫画
3-1国語가	兎の裁判	内容の整理	智慧	演劇
3-1国語活動나	和僧の蜜壺	状況の理解	笑話	漫画、対話の表現
3-1国語活動나 3-1国語나	縫い物七つの自慢	状況の理解 表現	笑話	テクスト 感想文
3-2国語가	屁こき嫁さん	面白さ	笑話	漫画
3-2国語가	黒い牛と黄色い牛（黄喜）	聞き取り	配慮	聞き
3-2国語活動가	粟一粒で婿入った男	面白さ	智慧	テクスト
3-2国語나	有名な裁判	気持ちの理解	智慧	漫画
3-2国語나	金の砧銀の砧	気持ちの理解	禁欲	漫画
3-2国語나	三年峠	気持ちの理解	智慧	漫画、人物の気持ち
4-1国語活動가	不思議な壺	話の中へ	禁欲	テクスト

4-2国語活動가	米の出る岩	文の考えの理解	禁欲	テクスト
5-2国語나	透明人間になる冠	文の要約	禁欲	聞き、文の流れ
6-1国語活動가	虎を獲ったパンチョギ	面談	孝行	テクスト

＊1-1は1年生1学期用、가나はＡＢを意味するハングル。

でここでは二〇〇九年改訂の現行教科書（『国語』二四冊、『国語活動』二四冊）を検討します。

教科書にはイソップ寓話「キツネとツル」「北風と太陽」「ウサギとカメ」「アリとキリギリス」などが収録されていますが、韓国昔話が圧倒的に多いです。そのほかに神話・伝説・創作童話・歴史童話・翻訳童話もあります。【表3】のように、三二話（重複を含めて四一話）の韓国昔話が収録されています。テクストをはじめ、漫画、人形劇、聞き取りなどの多様な媒体で収録されています。また、各単元の目的は、面白さ、人の気持ちの理解、聞き取り、内容の理解・整理・要約など多岐にわたります。ほとんどが三年生までの教材で、四一話の中でテクストを収録したのは、一五話に過ぎません。テクストを中心にその内容を鑑賞する単元が少ないので、子どもは事前にその内容を知っておく必要があります。このように韓国では、それぞれの話を鑑賞するよりは、言語能力向上のために昔話を活用しています。昔話の本質的活用よりは、手段的な活用に重点をおいているのです。

先行研究の多くは、韓国昔話を伝統文化として位置付けてその価値を高く評価しています。日本でも平成二〇年（二〇〇八）度改訂学習指導要領には「伝統的な言語文化と国語の特質に関する事項」があり、昔話や神話・伝承などの活用を挙げています。確かに昔話は伝統的な要素を持ちますが、それと同時に人類共通の普遍的なメッセージを持っています。急激な多文化社会に直面する韓国と日本は、普遍的な昔話の比較を通してより開かれた昔話教育を目指すべき時期にきていると思います。

参考文献

・ソウル教育大学校・韓国教員大学校国定図書国語編纂委員会『国語』二四冊、未来エン、二〇一三〜二〇一五年。
・ソウル教育大学校・韓国教員大学校国定図書国語編纂委員会『国語活動』二四冊、未来エン、二〇一三～二〇一五年。
・石井正己『植民地統治下における昔話の採集と資料に関する基礎的研究』東京学芸大学、二〇一六年。
・石井正己編『帝国日本の昔話・教育・教科書』東京学芸大学、二〇一三年。
・金廣植『植民地期における日本語朝鮮説話集の研究―帝国日本の「学知」と朝鮮民俗学―』勉誠出版、二〇一四年。
・金廣植「韓国の教科書と昔話」、石井正己編『国際化時代を視野に入れた歴史・文化・教育に関する戦略的研究』東京学芸大学、二〇一七年。
・金廣植「韓国初等国語教科書における伝来童話の収録過程に関する考察」『淵民学志』第28輯、淵民学会、二〇一七年。
・杉山和也『南方熊楠と説話学』平凡社、二〇一七年。
・崔仁鶴・石井正己編『国境を越える民俗学―日韓の対話によるアカデミズムの再構築―』三弥井書店、二〇一六年。

注

1　芦田の『国語読本』をはじめ、植民地期における教科書の中の昔話の収録とその意味は、次の拙著をご参照いただきたい。金廣植『植民地期における日本語朝鮮説話集の研究―帝国日本の「学知」と朝鮮民俗学―』勉誠出版、二〇一四年。

2　「瘤取り爺さん」と「三年峠」の変容については、拙稿をご参照頂きたい。金廣植「近代初期に報告された朝鮮民間説話「三年峠（三年坂）」の考察」『比較民俗学会報』一六八、比較民俗学会、二〇一六年。同「植民地期朝鮮における民間説話「瘤取り」の考察」『Walpurgis』2017、國學院大學、二〇一七年。同「韓国における兄弟譚及び隣の爺譚の変容―新たな日韓比較民間説話学の構築のための試み―」『昔話伝説研究』三六、昔話伝説研究会、二〇一七年。

3　韓国の教育課程と教科書に収録された昔話の推移に関する予備的な考察は次の拙稿をご参照いただきたい。金廣植「韓国の教科書と昔話」（石井正己編『国際化時代を視野に入れた歴史・文化・教育に関する戦略的研究』東京学芸大学、二〇一七年）。

4　丁昭榮『韓国伝来童話探索と教育的意味』亦楽、二〇〇〇九年、二四二〜二四三頁。

5　曺希禎・徐明希『初等　教科書収録　古典題材　変遷研究（二）—建国過渡期から第七次教育課程期口碑伝承題材を中心に—』『韓国初等国語教育』三〇、二〇〇六年、四一五頁。

6　詳細は、前掲の拙稿「韓国の教科書と昔話」二〇一七年をご参照いただきたい。

7　宋喜復「韓日初等学校国語教科書に収録された童詩と童話」『韓国文芸創作』一六、二〇〇九年、二三頁。

8　呉世晶「説話教育研究の傾向検討と方向模索」『晴嵐語文教育』五五、二〇一五年、八一頁。

9　金廣植「植民地期朝鮮における民間説話「瘤取り」の考察」『Walpurgis』2017、國學院大學、二〇一七年。姜在哲編『朝鮮伝説童話』上・下、檀國大学校出版部、二〇一二年。

10　金基昌『韓国口碑文学教育史』集文堂、一九九二年、五六頁。

11　三ツ井崇「「三年峠」をめぐる政治的コンテクスト」『佛教大学総合研究所紀要』二〇〇八年別冊、二八五頁。

第二部
昔話・教科書・伝統教育

「おしん物語（上）」（「シンデレラ」の翻案）
坪内雄蔵『国語読本　高等小学校用　巻一』冨山房、1900 年

エッセイ

インドのヒンディー語教科書に載っている昔話

坂田貞二

पाठ ५

टपका का डर

बरसात का दिन था। चारों ओर पानी बरस रहा था। दादी माँ का घर भी भीग रहा था। जल्दी ही छप्पर से पानी टपकने लगा। दादी माँ परेशान हो उठी, परन्तु करती भी क्या ? छप्पर को छाये कौन ?

थोड़ी देर में ओले भी पड़ने लगे। बेर बराबर ओले ! उधर एक बाघ ओलों की मार से परेशान हो उठा। कूदते–फाँदते वह दादी माँ के घर के पास पहुँचा।

दादी माँ अन्दर भात बना रही थी। चूल्हे पर पानी टपक रहा था, टप–टप।

ヒンディー語教科書『バーシャー・キラン（言葉の光）』

２年生用の「古屋の漏り」のはじめのページ。雨漏りに困る老婆と忍びこんだ虎が描かれている。

インドの多数の言葉、金額が一七の言葉で書かれたお札

インドは連邦国家で、二九の州と首都デリーを含む七つの直轄地からなっています。

連邦の公用語はヒンディー語で、補助公用語はイギリス統治時代から使われていた英語とする旨が、憲法に規定されています。

各州と直轄地は公用語を持っています。北部インドのウッタル・プラデーシュ州（北部州）やその東隣りで仏教遺跡の多いビハール州の公用語は、ヒンディー語です。首都デリーの公用語は、多くの住民が話すヒンディー語、ウルドゥー語、パンジャービー語です。東インドのベンガル州では、ベンガル語が州の公用語です。これらの言語は、インド・アーリヤ語系に属します。南部インドではカルナータカ州でカンナダ語が、タミル・ナードゥ州ではタミル語が州の公用語であり、これらはドラヴィダ語系に属します。さまざまな系統の多くの言葉が話されている国のお札では、金額が一七の言語と文字で示されています。連邦公用語のヒンディー語と補助公用語の英語、諸州の公用語を含めた言語です。

ヒンディー語教科書の昔話

インドに多くの言語があるなかで、ここでは筆者が親しんでいるヒンディー語に絞り、北部州の教育局が二〇〇五年に刊行した教科書 *Bhāṣā Kiraṇ*（バーシャー・キラン＝『言葉の光』）を見ていきます。ヒンディー語の小学教科書から昔話を紹介するにあたり、題の邦訳を太字で示し、昔話の由来をのちに確認する話の粗筋を（　）のなかに記します。

一年から五年までの小学校の課程で、一年生用の教科書に昔話は載っていません。

二年生用には「**古屋の漏り**」（「雨漏りは虎より恐ろしい」と嘆く老婆の言に、忍びこんでいた虎が逃げさる）、「**賢い農夫**」、「**犬のまねをする虎**」の三話があります。

三年生用では、一話だけです。「**二羽の白鳥に連れられて空中散歩をした亀**」（広い世界を見たいと望んだ亀は、白鳥らが咥えた棒で飛び海に行くが、笑ったために落ちた）。

四年生用には三話あります。「**パンチャタントラの話**」（王さまが学僧に愚かな王子たちに話を聞かせて賢くするよう頼むという枠物語、若者たちが死んだライオンを生きかえらせて殺されたという挿話）、「**孝行息子シュラヴァン・クマールの話**」（盲目の父母に水を飲ませようとした孝行息子が、『ラーマーヤナ』に登場するダシャラタ王に弓で誤射されて死ぬ）、それにもう一つ、中部インドの「**王さまの乗り物**」です。

最終学年の五年生用には、「**豆を食べようとした鳥**」の一話だけがあります。

ヒンディー語教科書の昔話は、『パンチャタントラ』の挿話と民間の語り伝え

小学一年から最終の五年までのヒンディー語教科書は、各巻が二〇前後の課からなり、五年までを合計すると一〇六課があります。そのうち昔話を載せているのは八課だけです。

インドの古典語の説話集のなかで広く親しまれている『パンチャタントラ（五巻の書）』は、六世紀にはできていたようです。それは、愚かな王子たちに学僧が教訓になる話を聞かせたという枠物語ではじまり、六〇以上の挿話をもつ説話集です。その挿話のいくつかは、いまもインドで昔話として語られています。

ところで読者は、紹介された昔話のなかに日本の昔話に似たものがあると思われたでしょう。日本の昔話には仏典を介してインドから伝わり、『今昔物語集』ほかに記録される一方で、民間で語られているものが

『バーシャー・キラン（言葉の光）』

4年生用の表紙。左上に小さいシーソーが描いてあり，その下にヒンディー語で「みなが学び　みなが前進しよう」と書いてある。

あるからです。「二羽の白鳥に連れられて空中散歩をした亀」は『パンチャタントラ』の「亀と二羽の白鳥」（第一巻の一三話）が元で、『今昔物語集』では巻五の二四話「亀、鶴の教を信ぜずして地に落ち甲を破る語」になりました。

このほかに『パンチャタントラ』の挿話が教科書に取りいれられた例として、「古屋の漏り」（第五巻の第一一話「臆病な羅刹」）や「パンチャタントラの話」（枠物語と第五巻の第四話「ライオンを再生した男たち」）があります。「孝行息子シュラヴァン・クマールの話」は、古代インドの叙事詩『ラーマーヤナ』の第二巻「アヨーディヤー都城の巻」六四章「ダシャラタ王の死」にあります。

「賢い農夫」、「犬のまねをする虎」、「豆を食べようとした鳥」の三話と中部インドの「王さまの乗り物」は、古典的な説話集の挿話や叙事詩の題を見たところ、それらに収められていないようなので、民間で語りつたえられてきた話なのでしょう。

小学生用のヒンディー語教科書が、生徒に伝えようとしていること

五年生用の教科書は、二二課からなります。この教科書の分野と内容を見ると、詩「月の光」、物語「（インドの）村民会議」、伝記「（独立インド第二代の首相）シャーストリー」、詩「川」、伝記「（アメリカ～一六代の大統領）リンカーン」、劇「暗黒の町」、詩「（一九世紀半ばのインド大反乱で反英運動に立ちあがった）ジャーンスィーの女王のお墓で」などがあります。多様な様式で、インドのことや外国のことなど広い世界を見渡そうとしています。

教科書のどの巻にも表紙の左上に、鉛筆でできたシーソーに子どもたちが座った絵があり、その上にサンスクリット語で sarva śikṣā abhiyāna（皆が教育を受ける運動）と記され、その下にヒンディー語で sab paḍhe sab baḍhẽ（みなが学び　みなが前進しよう）とあります。二〇〇〇年にはじまったその運動のおかげ

で、この教科書は無償配布されています。

全五巻の裏表紙にはインドの国旗の絵があり、インドの詩聖タゴールが作詩・作曲した「ジャナ・ガナ・マナ・アディナーヤカ（汝は国民みなの心を統べる者）」の国歌があります。

ヒンディー語教科書はインドと広い世界を見て、「みなが学び　みなが前進しよう」と訴える一方で、国旗や国歌を載せて多言語・多民族の国家の統合を図っているようです。

参考文献

・田中於菟弥・上村勝彦訳『パンチャタントラ　世界の民話　一二』大日本絵画、一九八〇年。
・ヴァールミーキ著、中村了昭翻訳『新訳　ラーマーヤナ　一〜七』平凡社　東洋文庫、二〇一二〜二〇一三年。

エッセイ

教科書とアイヌ像
―アイヌ民族と教科書の問題の現在―

小川正人

国定教科書『尋常小学読本』巻10(1910年)の教材「あいぬの風俗」の挿絵。(本稿末尾の図版解説を必ず参照ください)

教科書におけるアイヌ民族の扱い

二〇一七年一〇月一九日、内閣官房アイヌ総合政策室は、教科書におけるアイヌ民族の扱いに関する意見交換のセミナーを開催しました。これは、同年三月に文部科学省が新たな学習指導要領を告示したことに伴う教科書編集に対応するために開催されたもので、報道によれば、教科書会社一三社のほか、公益社団法人北海道アイヌ協会の加藤忠理事長、阿寒アイヌ工芸協同組合の秋辺日出男専務理事やアイヌ語・アイヌ文化の学識者らが出席しています。政府主催のセミナー、というと、記述内容の〝指導〟や〝統制〟のような印象を持つ人もいるかもしれませんが、『北海道新聞』によれば、開催の目的は「小中学校向けの教科書にアイヌ民族の歴史や文化に関する記述を増やしてもらうため」であり、「学習指導要領はアイヌ民族に関する記述を中学社会科などにしか求めておらず、国語や音楽など幅広い教科で子どもたちがアイヌ文化に触れる機会を増やす狙い」とのことなので、先ずは、これまで極めて乏しかったアイヌ民族に関する記述そのものを増やすことに力点が置かれていたことがうかがえます。

いま「報道によれば」と書きましたが、このセミナーの開催については、管見の限りでは『北海道新聞』や『教育新聞』などが報じた[1]ものの、いずれの記事も、大きな扱いと言えるものではありませんでした。本書の読者の中でも、「日韓」「日中」における教科書のあり方をめぐる動きについては情報を掴んでいても、アイヌ民族に関するこのような動向についてはよく知らなかった、という方が、いるのではないでしょうか。

日本の先住民族でありながら、そして、「アイヌ」という呼称だけであればかなり広く知られている[2]にもかかわらず、現在においてなお、政府機関自らが教科書記述を増やすためのセミナーを開催せねばならず、しかもその事実すら広くは知られない。――このことからも、学界や出版業界（どちらも、社会的な情報を相対的に多く有するところのはずです）においてなお、アイヌ民族の歴史と文化及びそれらの現在に関する基本的知見が十分ではないという、「教科書とアイヌ」に関する問題の一端が露呈していると思います。

「純粋なアイヌ」という問いかけに対する疑問

筆者が職場（二〇一五年三月まで北海道立アイヌ民族文化研究センター。同年四月から北海道博物館）で受ける様々な質問の中でも、今なお多いものに、「純粋のアイヌの人口はどれくらいか」というものがあります。どの民族についてであれ、人口は基本的な情報の一つなので、そこに関心が向くことは自然と言えば自然だとは思いますが、「純粋な」には、どうにも馴染めません。この問題に対する指摘としてよく言われているとおり、「そもそも「純粋な」とはどういうことか。例えば「純粋な日本人」は算定可能か？」といった反問を考えてみれば、どの民族についてであっても「純粋な」という考え方が成り立たないことを先ず指摘しておきたいと思います。

さらに言えば、この「純粋な」という指標は、あくまで筆者の印象ですが、アイヌ民族のような先住・少数者に対してより多く向けられていると感じています。ある国家や社会の構成員のうちの多数者は、なぜ、自分たち多数者ではなく、もっぱら少数者に対して、「純粋」であるかどうかに関心を持つのか。――そこには、社会の多数者の側が、アイヌ民族に対する一定の関心を持ちつつも、同じ時代に同じ社会で暮らしているという基本的な認識が脆弱であるという問題の一端が顕れているのではないかと思うのです。

だからこそ、社会の構成員がともに学ぶ教材である教科書がどのような視点と内容を備えているか、公教育ではその教科書をどのように活用できるかが、依然として重要な課題だと考えています。

このエッセイでは、このような問題関心から、教科書におけるアイヌ民族に関する記述や教科書が提示するアイヌ民族認識のあり方を考えるにあたり、筆者が意識し参照している著作とその指摘を紹介します。いずれも最初に発表されてから既に二〇年以上が経過していますが、敢えてこれらを取り上げるのは発表当時において先駆的だっただけでなく、現在も依然として重要な指摘だと思うからです。

多数者意識の無自覚さ―竹ヶ原幸朗さんの指摘

先ず、竹ヶ原幸朗さんによる教科書記述に関する研究です。竹ヶ原さんは、近現代日本のアイヌ民族と教育に関わる歴史研究と現代的な課題にいち早く取り組み、二〇〇八年に五九歳という若さで亡くなるまで研究の第一線に立ち続けました。子どもや教員のアイヌ民族認識、教科書、辞典の記述に関する調査と分析は、竹ヶ原さんが取り組んだ主要なテーマの一つです。教科書については、その記述だけではなく学校における使用のされ方までを分析の対象とし、改訂の度に記述を確認する継続的な調査を続けたことが特長です。

竹ヶ原さんによる多くの成果の中でも、ここで取り上げておきたいのは、（一）「記述の正確性」の危うさの指摘（アイヌ民族に関する教材では、他と比べ、基本的な事実認識の過誤が目立つこと）、（二）「現代の生活者としてのアイヌ民族の姿」が見えにくいとする指摘、そして（三）「単一民族国家観と同質のアイヌ認識」が見られるとする指摘です。筆者が特に重要だと考えているのは（三）です。竹ヶ原さんは、一九八八年発行の教科書においてなお、「わたしたちは、アイヌ民族の経済的・文化的な発展に寄与することがたいせつであろう」という記述が見られることを指摘しています。明らかに和人のみを念頭に置いているにもかかわらず、「わたしたちは」と記述してしまう。「このような記述の根底には、〈アイヌ〉を描きながら、その存在を切り捨てる単一民族国家観と同質の認識が働いている」とする竹ヶ原さんの指摘は、まさにその通りであり、現代においてなお注意を払うべき問題だと思います[3]。

「教える側の育成」——知里むつみさん、中川裕さんの指摘

もう一つは、一九九三年に関東ウタリ会（首都圏在住のアイヌ民族による組織）が開催したシンポジウム「アイヌ民族と教科書」における、同会会員・知里むつみさんと、アイヌ語研究者・中川裕さんの指摘です。中川裕さんの言葉を借りると、「教科書に何を書くかというのももちろん問題がありますが、それを教える側の育成というのも、それと同じくらい大きな問題だろう」ということです。

そんなの当たり前じゃないか、と思われるかもしれませんが、実際の教員養成の過程において、アイヌ民族の歴史、文化そして現在に対する認識を体系的に学べる課程を備えている、と言える高等教育機関が、どれくらいあるのか。一九九三年当時に中川裕さんが「推測ではあるが、そこにおいてもその学生たちに教える教師の人材不足というのが、大きな問題ではなかろうか」と指摘したことは、今なお重い課題であって、「学生達に教える側」とは、専門的な知見を持った高等教育機関の教職員のことですから、その「不足」は教科書の記述・編さんを支える人材や基礎的な研究成果の蓄積の程度如何にも関わっていると思うのです。

圧倒的な多数者であることの自覚

アイヌ史・アイヌ文化については、基礎的な研究が乏しいことに加え、その乏しさそのものへの社会の危機感が希薄であること（少なくとも筆者は、基礎的な調査・研究の蓄積よりも、当面の出版や放送が先行しがちだとの印象を持っています）など、〝教科書の記述とその活用〟にとって大きな課題が山積していると思います。

また、現代日本社会では、アイヌ以外の者が圧倒的な多数を占めていることを、特に多数者の側は自覚しておくべきだと思います。アイヌ民族自身の実際のすがたよりも、この圧倒的多数の人々にとって受け容れやすく関心を惹く情報のほうが支配的になりやすいことに、インターネット等で大量の情報が拡散する現代だからこそ尚更、注意を払う必要があると思うのです。

注

1　『北海道新聞』二〇一七年一〇月八日付け及び同二〇日付け、『教育新聞』同年一〇月二三日付け。

2　ごく一例を挙げれば、一九七五年当時において、竹ヶ原幸朗らが東京都の小・中・高・大学生を対象に行った

調査でも「あなたは〝アイヌ〟ということばを聞いたことがありますか」との設問に対し、中学生になれば九〇%以上、高等学校以上ではほぼ一〇〇%が「はい」と解答しています（小沢有作・竹ヶ原幸朗「青少年のアイヌ観」東京都立大学『人文学報』一五号、一九八〇年）。

3　竹ヶ原さんの著作からの引用は、竹ヶ原幸朗著『竹ヶ原幸朗研究集成　第一巻　教育のなかのアイヌ民族』（社会評論社、二〇一〇年）所収の各論考によりました。

ここで竹ヶ原さんが指摘したような、自治体や公共団体が発行する出版物でありながら「アイヌ民族とわたしたち」といった言葉遣いになっている例や、アイヌ民族を「かれら」と読んだりする例など、和人（多数者）を暗黙のうちに中心に置き、アイヌ民族（ら少数者）を外部や周縁部に置いてしまう記述は、現在でもときどき見かける、と筆者は認識しています。

さらに言えば、アイヌ民族の歴史に関わる時代区分では、今なお、一三世紀ごろをもって「アイヌ文化期」と呼ぶ呼称が汎用されていますが、これは、「アイヌ文化」を狭義の伝統的なものに限定し、その〝成立〟をもって「アイヌ文化期」だとする考え方です。このような考え方は、アイヌ民族の歴史と文化を、それらを担ってきたアイヌ民族自身ではなく、その〝外側〟から定義し、その定義によって記述することが当たり前のように行われてきたからだと、筆者は省察しています。夙に指摘されているとおり、このような時期区分と呼称は、あたかもアイヌ民族もこのとき〝成立〟し、かつ、この時期より後には存在しないかのような、誤った印象を与えがちです（改めて言うまでもなく、アイヌ史もまた、「日本史」が、日本列島に人類が到達した頃から現在までを指していること同じように考えるものだと思います）。

図版解説

男女の姿が描かれていますが、一九一〇年当時のアイヌの人々の生活では、挿絵のような伝統的な盛装は一般的な「風俗」ではありませんでした。竹ヶ原幸朗さんは、教科書の記述の分析とあわせ、「虚構の「未開」性を強調するものであった」と指摘しています。また、これがアイヌ民族の伝統的な家屋の中を想定しているとすれば、伝統的なしきたりでは模様のある茣蓙には人間は座らないとされているので、そうした基本的な作法もできていない画でもあります。これは今から百年以上前の教科書の例ですが、〈アイヌの人びと〉を取り上げたとき、写真では民族衣装を着用した姿を使いがちであることは、現在にも見られるのではないかと思います。

エッセイ

伝統を伝える博物館

君塚仁彦

竹中大工道具館（同館ホームページ）

伝統文化と博物館

近年、伝統という言葉は、日本の教育政策でも「尊重すべきもの」として取り上げられることが多くなってきました。急激な国際化や情報化のなかで日本の伝統や文化が衰弱していると、多くの人びとに感じられていることがその背景にあるのかもしれません。しかし、そこで語られる伝統とは何なのでしょうか。

国語辞典には、「ある民族や社会、団体が長い歴史を通じて培い、伝えてきた信仰・風習・制度・思想・学問・芸術など」、「特に、その中心をなす精神的在り方」であると説明されています（『広辞苑』第七版、二〇一八年）。実際に世間では、伝統という概念はこのように説明され、理解されています。そのため伝統という言葉は、日本各地に開設されている歴史や民俗・考古・古美術を取り扱う博物館でよく語られます。国や都道府県、市町村など地域社会の「伝統」を伝える場所として博物館が機能し、位置付けられることが多いのです。

東京国立博物館では、「ワークショップ―伝統文化に〝触れる〟体験型プログラム」という教育事業を展開しています。展示作品を見学しながら、日本の伝統的な模様をスケッチし、陶芸用のサインペンを用いて皿にデザインします。作品の鑑賞を通して日本の伝統的な模様を学び、手を動かしながら古美術に親しむことを目的とする教育事業ですが、このような活動は全国各地の博物館で幅広く行われています。

近年、核家族化の急激な進展から、子どもたちと高齢者の交流の機会の減少が指摘されていますが、高齢者には地域に伝わる祭りや郷土芸能・民話などの伝統文化を伝承している人もたくさんいます。以前、文部科学省の文化審議会でも取り上げられた、兵庫県小野市立好古館の「わたしたちのまち・阿形」展などはその代表例です。

この展示会は、博物館関係者だけでなく、地域の小・中学生や保護者、学校の教員、老人会、子ども会、行政関係者などが協力して作り上げた、町そのものをテーマとする企画展です。子どもたちが町の由来や伝承・伝統行事などについて町の高齢者から聞き込み調査を行うというユニークな方法で実施されました。高齢者は自分の知識が意義のあるものと感じることができ、子どもたちは地域の伝統文化を受け継ぐことができる事業であると評価されました。このように博物館は、高齢者と子どもたちが触れ合いながら伝統文化を伝える場として、また、学校教育や社会教育の課題でもある、異世代間交流の場としての役割も大いに期待されています。

伝統の技と進化を伝える―竹中大工道具館

少し違う角度から伝統という言葉を考えてみましょう。セゾングループを率いた実業家である堤清二は、辻井喬というペンネームで詩人や作家としても活躍した文化人ですが、伝統についてユニークな説明をしています。

辻井は、伝統を文化芸術と関連させながら、「その地域に住む人たちが持っている感性に基礎を持つ、思考の様式、表現の様式そして美意識である。したがってそれは幾世代にもわたって伝承されるものであり、その地域で培われたものは、たとえ個人がいろいろな国や地域に居所を移しても体内にしまわれている」と説明しています。そのうえで辻井は、「大胆な自己革新を行う運動体」、「新しい文化芸術を形成する源」として伝統を位置付け、混迷する現代社会や文化を再生するために必要不可欠なものとして考えました。伝統は絶えず変化し続け、一か所に固定されるものではなく、ましてや戦前のように国粋主義に加担するものではないという辻井の考え方は、現代における伝統のあ

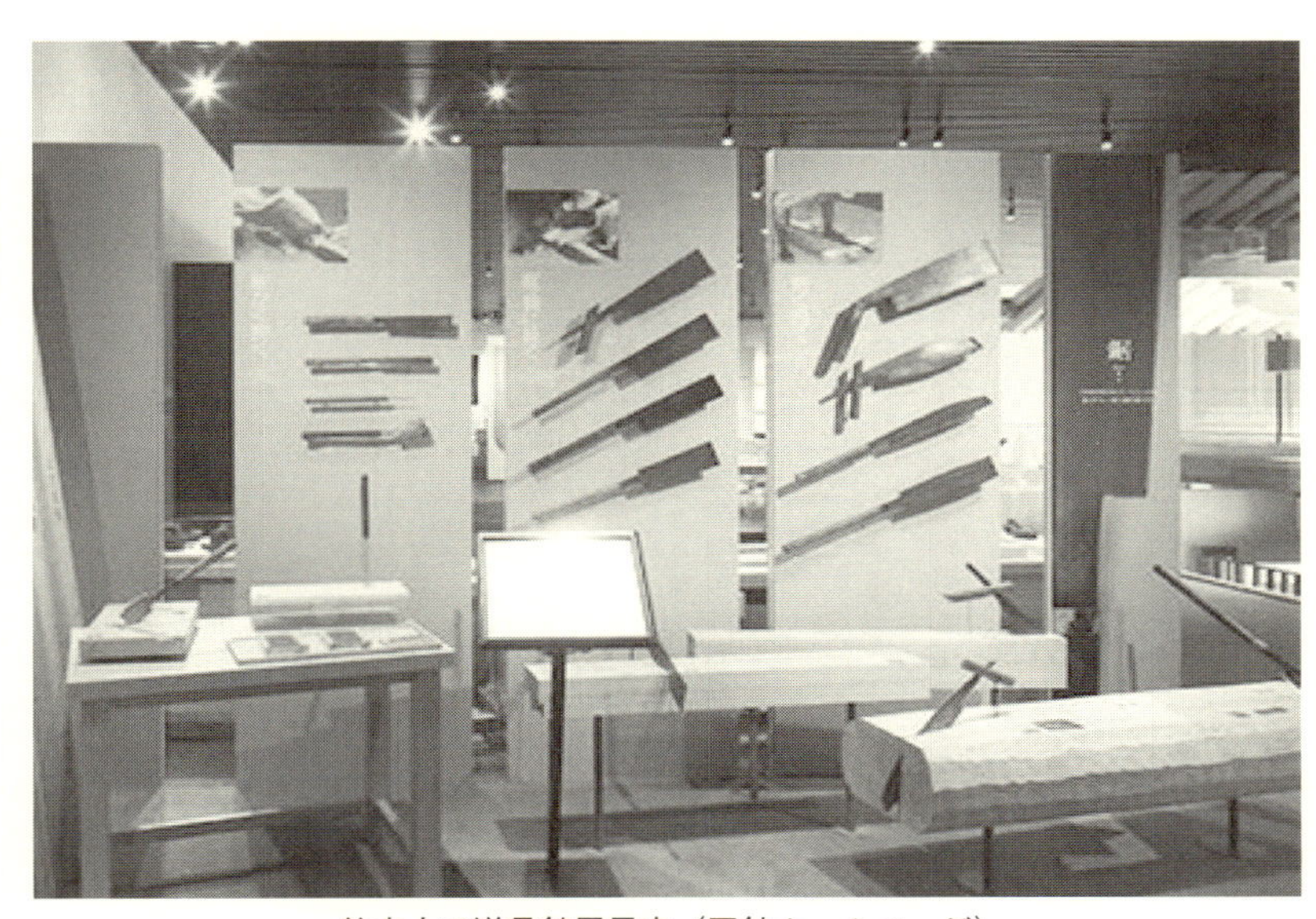

竹中大工道具館展示室（同館ホームページ）

り方、固定観念では語りえない創造の源としての伝統を考える上で、大変参考になると思います（辻井喬『伝統の創造力』岩波新書、二〇〇一年）。

神戸にある竹中大工道具館は、このような辻井の伝統観を実際の大工道具の展示を通して体感することのできる企業博物館です。一日中いても見切れないほど膨大な数の大工道具を楽しむことができ、木組み技術などをはじめ名もなき大工職人の優れた技を伝承することを目的に、さまざまな工夫が凝らされた展示が魅力の博物館です。

日本の大工道具は美しいと言われます。伝統的かつ機能的でありながら流麗なフォルムを持つものが多く、世界でも類例を見ない多様性と独自性を誇ります。しかし最初からそうであったわけではありません。日本は中国を中心とする漢字文化圏の隅っこに位置しており、一つひとつの大工道具のルーツはその多くが中国にあります。しかし日本の大工道具は、風土や日本人の性格、木の性質に対応する形で独自に発達を遂げたものが少なくないと言われています。

山地が多く、杉や檜など木材資源に恵まれた日本では、独特な木目や肌触りを大事にする材木への価値観が伝統として受け継がれており、それらが和風建築の伝統美を生み出しているのです。木を美しく仕上げ、大工仕事を正確に進める―それを可能にする鉋が多彩な機能や形に変化しつつ道具として発展していくのも、名もなき日本の大工職人たちが築き上げてきた伝統なのです。

世界最古の木造建築物である法隆寺建立から始まり、多彩な変化を遂げた大工道具を数多く生み出した江戸時代を経て、大工道具に込められた職人伝統の技は少しずつ進化していきますが、その延長線上に現代の木造建築物を建てる大工道具があるということが展示から伝わってきます。

日本の大工職人の伝統の技、そしてその進化を伝える竹中大工道具館は、まさに辻井の言う「大胆な自己革新を行う運動体」としての伝統を大工道具の展示を通して理解でき、楽しむことができる博物館です。日ごろ馴染みのない大工道具に宿る伝統の技とその進化。それらを見ながら、これからの日本に創造されるであろう木造建築の新たな伝統美に想いを馳せてみるのも一興でしょう。

論考

比較研究から見る韓国教科書の昔話

崔仁鶴

プロフィール
専門　民俗学
主要著書
『韓国昔話の研究』
『朝鮮伝説集』
『韓国昔話』
『韓国昔話の比較研究』
共編著『韓国昔話』全六巻（刊行中）

一　「伝来童話」という名称の使用

韓国では子どもを対象とする昔話を「伝来童話」といいます。

最近は、童話の概念の混乱を避けるため、「創作童話」と「伝来童話」に区分して使用しています。例えば、大人の作家が子どものために創作した話を「創作童話」と呼び、昔から語り継がれてきた話の中で子どもに聞かせる話を「伝来童話」や「童話」と呼ぶようになりました。以前は、このような区分がなく、まとめて童話という言葉を使用していました。児童文学という文学の分野がはっきりと特徴付けられたのは、一九二三年、馬海松（マヘソン）の「岩ゆりと子星」が発表されてからであるといえます。これを起点にして、創作童話が出はじめた時から童話は創作のみを指し、古くから語り継がれる話は「伝来童話」という名称で固定されていきました。

二　韓国初等学校教科書に関わる研究の成果

これまでになされた韓国初等学校教科書に関わる業績は、いくつかを数えることができます。しかしこれらの研究は、教科書に掲載された昔話に関する本格的な研究というよりも、掲載された個々の事項を深層的に分析した研究であるといえます。

近年の研究には、金容儀『瘤取り爺さんと内鮮一体』（全南大学出版部、二〇一一年）、金廣植「植民地教科書と新羅神話・伝説」（『植民地期における日本語朝鮮説話集の研究』勉誠出版、二〇一四年）、金廣植・李市埈「朝鮮総督府における教科書編纂と朝鮮の説話」『植民地時期日本語朝鮮説話集基礎的研究』（J&C、二〇一四年）、金廣植「朝鮮総督府編纂『国語読本』と朝鮮の説話」『植民地朝鮮と近代説話』（民俗苑〔ソウル〕、二〇一五年）があります。このほかに、山本美千枝の「日韓昔話絵本の比較と教材化の研究」（島根大学修士論文、二〇〇四年）がありますが、これは絵本の比較研究です。

これらの論文を補完する意味で、姜完善「初等国語教材の伝来童話収録変遷研究」（仁荷大学校碩士論文、一九八四年）、宋銀淑「伝来童話教育の変遷過程研究」（漢陽大学校教育大学院碩士学位、一九九〇年）を取り上げておきたいと思います。

姜完善は、近代開化期から第四次教育課程期までの国語科教科書に収録された昔話の収録変遷を研究した論文です。彼は教科書収録の昔話を対象に単元の目標・内容・構成・増減などを分析して、国民の精神教育の根本内容が伝来童話の中核と同じことと、昔話が子どもの人格形成に大きな影響を与えることを明らかにし、私達のものを大切にする未来志向の教育のためにも教科書の革新が必要であると主張しました。

宋銀淑は、日帝強占期から第五次教育課程期までの小学校国語教科書に収録された伝来童話を分析しました。その結果、第五次教育課程期に伝来童話が〈話す・聞く〉〈読む〉〈書く〉に均等に収録されており、質的・量的増加を示したことを明らかにしました。これらの教科書の構成は子どもの国語の理解と関心を高めるものだったといいます。そして、これからの国語の教科書は、興味性・教訓性・文学性とともに、時代が要求する主題の様々な伝来童話の題材が収録されるべきだと主張しました。

一九五五年の第五次教育課程による国語の教科書では、伝来童話の受容が変わりました。従来のテーマで最も多かったのは勧善懲悪・報恩・忠孝の順であったものが、次第に伝来童話の持つ興味性・教訓性・文学性を浮き彫りにしながら内容も豊かになっています。したがって、伝来童話の研究は、テーマ別・構成別・題材別の内容の分析から始まり、特定の部分についての詳細な研究へと発展していきます。第七次教育課程の国語教科書には、学期ごとに〈話す・聞く〉〈読む〉〈書く〉の三巻に分冊されています。

三　小学校で使用している国語の教科書に掲載された昔話

次に掲載するのは、二〇一七年現在、小学校全学年で使用している国語の教科書に掲載された昔話のリストです。〇印は教科書に掲載された昔話のタイトルであり、ＫＴは崔仁鶴『韓国昔話の研究』（弘文堂、一九七六年）と崔仁鶴・嚴鎔姫『韓国昔話集成』（옛날이야기꾸러미）全五巻（集文堂、二〇〇三年）の韓国昔話型番号であり、伝説の番号は崔仁鶴『朝鮮伝説集』（日本放送出版協会、一九七七年）により

ます。

○豆一粒と子牛（콩 한 알과 송아지）

父が三人の娘にそれぞれ豆を一粒ずつ与え、来年の誕生日にプレゼントをこしらえて来いと命じた。一番目と二番目の娘は失敗したが、三番目の娘は豆を餌にして雉子を捕らえ、これを売ってひよこの雄雌を買った。これが卵を産んで鶏が増え、数多くなると子牛に替えて、父の誕生日に父を喜ばせた。昔話では三番目の末娘の成功に焦点を合わせる話がある。豆粒↓雉子↓ひよこ↓鶏↓子牛のような変化法には昔話の累積談の原理が適用されている。内容は昔話であるが、出処が不明なので、KTには受容しなかった。

○塩を作る碾き臼（소금을 만드는 맷돌）〈KT264　海が塩辛い理由〉

昔、ある王様が何でも欲しいものを出す呪術の石臼を持っていたので、飢饉が来ても民は飢えなかった。ある日、詐欺師が王様の石臼を盗んで行った。彼は島に行って住めばよいと考え、船に石臼を乗せて航海に出た。航海中、一番大事な塩を出してみたが、止める方法を知らず、船は塩でいっぱいになって沈没してしまった。海の底で今でも塩を出しているので、海の水は塩辛い。自然神話の昔話である。

○報恩する枯木（은혜 갚은 고목）〈伝説414　長谷里のヌチナム（欅）〉

村の青年たちが枯木を燃料にするため伐ろうとするが、爺が反対する。そこに見知らぬ青年が来て、お金も受けずに熱心に農作業を助け、忽然と去る。この青年は枯木の神霊であった。守護神信仰がモチーフとなる樹木伝説である。

○銀三斤に込められたストーリー（은 세 근에 담긴 이야기）

〈人物伝説　盧克清と玄徳秀〉『韓国民族文化大百科事典』

一一八一年（明宗一一年）に盧克清は家勢が傾いて自分の家を売ろうとしたが、売れない。ちょうど盧克清は用事ができて他の郡に行かねばならず、妻が玄徳秀から白銀一二斤を受けて販売した。盧克清は戻ってきてそれを知り、「九斤で家を買って数年住んだが、修理したこともないので、三斤をよけいに受けることはできない」と言って、三斤を玄徳秀に返した。盧克清は「安く買ったものを高く売って、暴利をむさぼることはできない」と言うので、玄徳秀は仕方なく受け取った。しかし、玄徳秀は「私は盧克清より劣った人になるわけにはいかない」と言って、そのお金をお寺に捧げてしまった。

○あの世の納屋（저승에 있는 곳간）〈伝説451　ゼビウォン（燕院）〉

金富者に起こった劇的な出来事を通じ、勧善懲悪の教訓を克明に見せる物語である。同時に、現在の生活をどのように生きるべきかについても考える機会を提供する。燕院の巌石伝説である。

○米が出る岩（쌀 나오는 바위）〈伝説30　米岩〉

掘り進むたびに一食するほどの米が出る。一度にたくさん持ちたいという欲のため、洞穴を過度に多く掘ったところ、米はもはや出なかった。貪欲を警戒するための米穴伝説である。〈KT272　米が出る瓢〉〈KT272.1　米が出る火鉢〉など、米が出るモチーフを持つ話はいろいろある。

○妖術瓶（요술 항아리）〈KT270　不思議な臼〉

貧乏な兄弟が山に行って木を伐って、それを売って生活をしていた。ある日、兄弟は山で奇妙な臼を拾って家に持ってきた。この臼を搗くと穀物が出てくるので、兄弟の生活は豊かになった。しかし、二人はお互いに自分が先に臼を発見したと主張しはじめ、官庁に呼び出された。臼を持って官庁の庭に置くと、庭が二つに割れ、臼は地下に埋められてしまった。

○粟一粒で結婚した総角（좁쌀 한 톨로 장가든 총각）〈KT223　粟一粒で〉

若者が科挙試験にうけるための旅の途中で旅館に泊まり、主人に粟粒を預けた。主人は引き受けたことを忘れてしまい、「鼠が食べた」と言って鼠を若者に与えた。次の旅館で鼠を預けると、主人は「猫が食った」と言って猫を渡した。次の旅館で猫を預けると、「馬の脚につまずいて死んだ」と言うので、馬を渡した。次の旅館で馬を預けると、牛が角を打ち込んで馬を殺したので、牛を与えた。ソウルの旅館に来て牛を預けると、旅館の息子が「牛をある大臣に売った」と言う。大臣は「その牛は殺して食った」と言う。「食べた者を私に会わせてくれ」と言うので、大臣は彼の工夫と大胆さに感動して娘を与えた。

○トケビをひどい目に遭わせた百姓（도깨비를 골탕 먹인 농부）

〈KT750 二〇〇三年版参照、伝説566　鬼橋、伝説567　トケビ橋（鬼橋）〉

農家では意地悪なトケビのために頭が痛くなり、知恵を使ってトケビをひどい目に遭わせる。

○欲張り犬（욕심 많은 개）

犬は欲が多く、他の犬くわえているものを奪おうとすると、自分がくわえている肉までも落としてしまった。動物民譚・イソップ寓話である。

○鉄器を食べるブルカサリ（쇠붙이를 먹는 불가사리）〈KT766　ブルカサリ〉

高麗末に、ある未亡人が縫製をしていたところ、一匹の虫が来て毎日針を食べ大きくなった。金属物を片っ端から食べてしまった。いくつかの方法で殺そうとしたが、失敗した。焼き殺そうと火の中に入れると、火玉になって市内を転がり回った。それが行ったところでは、火災が発生した。このため、高麗の首都松島は滅亡してしまった。

○牛に化けた怠惰者（소가 된 게으름뱅이）〈KT384　牛に化けた不精者〉

ある怠け者が仕事をしたくないので、家を出る。途中で仮面を作る老人に会い、老人が牛の皮を彼に被せると、彼は牛になった。牛にされた彼を市場に連れて行って売る。老人は「この牛には絶対に大根を分け与えてはならない」と言った。売られた牛は重労働をするようになって、自分が過去に怠け者だったことを深く反省する。重労働で疲れた牛は我慢できずに自殺をしようとして、大根畑に飛び込んで大根抜いて食べた。そうしたら再び人間に転生して故郷に戻る。戻る途中、老人がいた家を訪ねると老人はいなくて、彼の家も消え、芝生があるだけだった。彼は家に戻ってきて熱心に仕事をした。

○卵生（알에서 태어나다）〈KT218　日光によって妊娠する、伝説296　朴赫居世〉

金蛙王が柳花を宮に連れて来て、暗いところに置くと、どこからか日光が入って柳花の体を照らした。その後、柳花は大きい卵を産んだので、王は野原に卵を捨てたが、鳥が保護し、後に子供が生まれた。この子が朱蒙で、後日、高句麗の始祖となった。朱蒙の誕生神話であり、卵生説話になっている。

○虎を捕る片身人間（호랑이 잡은 반쪽이）〈KT203　片身人間〉

ある女性が足だけ二つあり、残りはすべてが一方だけの半分人間を生んだ。彼は超人的な力を持っていた。少年なのに力士の力を発揮した。しかし、近所の人と家族に嫌われた。二〇歳になると、彼は「近所に住む金持ちの家の娘と結婚させてくれ」と提案した。このことを聞いた金持ちの家では、多くの奉公人を総動員して阻止した。しかし、数日経つと人々が疲れて居眠りしたので、その隙に入って花嫁を背負ってきた。彼は庭で一度転がると、すばらしい青年になって、金持ちの家の娘と結婚した。

○バリテキ（바리데기）〈KT455　バリ王女〉

昔、ある王様が、王子がまだ一五歳の時に結婚をさせ、王位を継承させた。王子は凶兆の年に結婚したので、占い師の予言どおり七王女を生んだ。王様は七王女を生んだことに不満を抱き、「最後の娘を箱に入れて、海に流すように」と命じた。亀がその箱を見つけて立ち去った。仏様は東海でカササギとカラスの群れの保護を受け、浮いている箱を発見して姫を取り出し、老人に任せて育てるようにした。名前をバリ王女とつけてくれた。王様と王妃は、第七王女を捨てた罪で重病にかかった。六王女は薬水を求めてくることを拒絶したが、バリ王女は命の水を求めて来ることができた。バリ王女は薬水を得るために、古代インドまで行って九年間苦労して、生命の水と薬草を得て帰ってきた。王様と王妃は、バリ王女が持って来た命の水を飲んで回復した。このバリ王女説話は、シャーマンによって語り継がれた昔話と見ることができる。特にソウルを中心に中部地方と北部地方に分布しているシャーマンの巫歌と同じ内容である。近年になって学者によって記録がされたが、それ以前には、シャーマンによって語り継がれていた。シャーマンにのみ分布されているこの系統の話は民間説話とすることができないが、あるいは民間に伝承された話をシャーマンが儀式に導入したのかも知れない。

○ノルブ伝（놀부전）〈KT457　ホンブとノルブ〉

兄ノルブは金持ちだが心が悪く、弟フンブは気立ては良いが大変貧しい。ある日、燕の脚の傷を直してやると、燕は翌年の春ふくべの種を持ってきた。それを植えると大きなふくべが実った。その中から宝物と食物が出て、フンブは金持ちになった。ノルブは弟が豊かになったのが気に入らず、わざわざ燕の脚を折って治すと、翌年の春ふくべの種を持ってきた。植えるとふくべの実がなったが、その中から汚れたものとお化けが出て、ノルブは財産まで失った。反省したノルブは弟のフンブに助けを求め、兄弟は良く暮らした。

○**鼈主簿伝（별주부전）**〈KT39　兎の肝〉

竜宮の竜王が重病にかかり、「兎の肝を食べると治る」という診断を受け、亀が兎の肝を求めに陸地に行くことにする。亀は兎の絵を持って陸地に出て、絵と同じ動物を見つけて挨拶する。亀は嘘をついて兎を竜宮に連れて来る。兎は「竜王の病気を治療するために殺される」と聞いて脱出を企てる。兎は「自分の肝は乾燥のために岩の上に置いて来た」と言う。竜王が「それを持って来るように」と命じると、亀は再び兎を乗せて陸地に向かう。陸地に着いた兎は「私の肝は体内にある。だから、私は今生きている」と言って逃げる。

○**うさぎの裁判（토끼의 재판）**〈KT109　兎の裁判〉

ある旅人が罠に陥っている虎を救出する。外に出た虎は、最初の約束を破って旅人を食い殺そうとする。松や牛に訴えたが、やはり人間が悪いという判断が下る。最後に兎に訴える。兎は最初の状態を再現してみなければならないと判断する。虎は自信があるため落とし穴の中に入る。兎は旅人に、「何も知らない顔をして通り過ぎればよい」と言う。

○**あずき粥の婆と虎（팥죽 할머니와 호랑이）**〈KT054　意地悪な虎の退治〉

悪い虎が増え、老婆の大根畑に害を与える。ある日、彼女は虎を誘う。虎が到着する前に、老婆は虎を殺すすべての準備を調える。やって来た虎が火鉢の炭火を吹いたところ、灰が虎の目の中に入る。バケツの水で目を洗うと、バケツの中に用意しておいた唐辛子粉が虎の目の中に入る。タオルで目を拭くと、タオルに刺さっていた針が目を刺す。虎は騙されたことに気付き、逃げて行こうとして牛糞を踏んで滑って落ちてしまう。この時、むしろはこの虎をくるくるずれるように巻いて、それを深い海に投げる。

○蟻と馬追い虫（개미와 베짱이）

蟻は懸命に仕事をするが、馬追い虫は歌だけ歌う。寒い冬に食べるものが無くなり、馬追い虫は蟻を探しに行く。蟻が馬追い虫に助けを求める。動物昔話・イソップ寓話〈蟻ときりぎりす〉である。

○仲の良い兄弟（의좋은 형제）　〈KT575　女房たちのおかげで〉

仲の良い兄弟が穀物を収穫して、互いに多く持たせようと譲りあった。女房たちは本当に仲の良い兄弟であるかをテストするために、事前に組んで計画する。女房は「兄弟の仲が良いのは婦人たちの努力のおかげだ」と言う。

四　教材化に伴う昔話改作の問題

この〈仲の良い兄弟〉は、括弧内に適当な文を入れる漫画形式で構成されています。漫画を通して、口演の質を向上させたいという意図がうかがえます。また、〈ノルブ伝〉〈鼈主簿伝〉〈うさぎの裁判〉〈蟻と馬追い虫〉〈あずき粥の婆と虎〉の以上五編は、童劇形式で構成され、直接登場人物の体験を通して学習効果を狙ったものになっています。

〈仲の良い兄弟〉の重要な問題点は、婦人の役割が省略されているところです。この話の改作には問題があるといえます。この話は婦人の役割がきわめて大きく、婦人たちによって兄弟の心が変化するからです。

以上のように、韓国の教科書に収録された韓国昔話を中心に述べてきました。次第に多様な昔話が収録されてきていますが、説話をそのまま収録したのではなく、子ども向けに改作をほどこしていることがわかります。しかし、その中の一部の改作の方向は必ずしも満足のいくものではありません。今後、研究者は、説話に対する研究を踏まえて、子どものための昔話教育にも関心を向けなければならないと考えます。

論考

ドイツの学校における『グリム童話』

虎頭恵美子

プロフィール
翻訳及びグリム童話研究者。㈶グリム兄弟協会日本支部代表。カッセルグリム兄弟博物館の展覧会開催にも協力している。訳書に『グリム童話』（偕成社）、編著に『図説グリム童話』（河出書房新社）、共著に『博物館という装置』（勉誠出版）などがある。

一　グリム兄弟のメルヒェン収集

ドイツのメルヒェンといえば、『グリム童話』が挙げられるでしょう。ドイツで一八一二年に誕生して以来約二〇〇年後の二〇〇五年に、メルヒェンでは初めて「ユネスコ世界記憶遺産」に登録された童話集です。『グリム童話』と呼んでいるのは、言語学、法律学、古代ゲルマン学等の研究者であったヤーコプ・グリム（一七八五〜一八六三年）とヴィルヘルム・グリム（一七八六〜一八五九年）の兄弟が、民衆の間に口伝えされたメルヒェンを主に集めて再話したメルヒェン集（昔話集）のことです。

原書の直訳は、「グリム兄弟によって集められた　子どもと家庭のメルヒェン集」です。ヤーコプとヴィルヘルムは、少年時代を他の四人の兄弟とともにシュタイナウで過ごしました。一七九六年に父親が亡くなり、一七九八年から二人はカッセルで高等中学校に通い、その後マールブルクのヘッセン国立大学で法学を学びました。ヘッセンを占領していたフランスが撤退した後、ヴィルヘルムは一八一四年から、ヤーコプは一八一六年からカッセル選帝侯の図書館員の職につきました。一八三〇年から一八三七年まで、二人は、ゲッティンゲン大学の教授および図書館員を務めましたが、「ゲッティンゲン七教授事件」に加わったことにより、後にゲッティンゲンを去らなければなりませんでした。一八四一年から亡くなるまで二人は、ベルリン王立科学アカデミーの会員を務めました。

ヤーコプは、一八四八年にフランクフルトのパウルス教会で開催された第一回ドイツ国民議会にも議員として参加しました。そして二人は、ベルリンで亡くなりました。

© 2017 年（財団）グリム兄弟協会

では、グリム兄弟はいつ頃からメルヒェンを集め始めたのでしょうか。

マールブルク大学在学中に、兄弟は彼らの人生を決定するべく一人の人に出会いました。その人は、法学部の若き助教授で、歴史法律学派を設立したフリードリヒ・カール・フォン・サヴィニー（一七七九〜一八六一年）でした。サヴィニー助教授は、優秀で勤勉なグリム兄弟に注目し、自宅にもよく招いていました。兄弟は、サヴィニーの家でロマン派の詩人クレメンス・ブレンターノ（一七七八～一八四二年）とアヒム・フォン・アルニム（一七八一～一八三一年）と知り合いになります。サヴィニーの研究に感銘を受けていた兄弟は、古代ゲルマン文化の重要性を知りドイツに昔から伝わる民謡やメルヒェンを収集し始めます。

二人は、一八〇七年頃から、主にカッセル市に住む中・上流階級の娘さんや郊外のフィーマンという仕立て屋の婦人からメルヒェンを聞き書きし、友人や知人よりメルヒェンを送ってもらい、収集し始めました。

それら口頭伝承のメルヒェンは、『グリム童話』全体の四分の三、一五〇話を占めますが、書物から採用したメルヒェンも四分の一、約五〇話ほどあります。

ナポレオンの占領下にあった当時、ドイツの古くからのメルヒェン収集は、人々にドイツ人としての民族意識を目覚めさせる役割を果たしました。

二　世界記憶遺産に登録された『グリム童話』

兄弟が集めたメルヒェンは、一八一二年に初版第一巻八六話、一八一五年に初版第二巻七〇話が出版されました。『グリム童話』の誕生です。その後兄弟は次々と『グリム童話』の話数を増やし、文章に加筆、削除などの手直しをし、一八五七年、決定版といわれる第七版二〇〇話と子どもの聖者伝説一〇話が出版されるまでに至りました。

日本で『グリム童話』といわれているのは、大部分が第七版からの翻訳によるものです。このように

『グリム童話』は、四五年以上の歳月をかけて大きく展開していきました。先ほど述べたように『グリム童話』初版から第七版までの兄弟所有の一六冊の手沢本が、メルヒェンでは初めて二〇〇五年ユネスコ世界記憶遺産に登録されました。

初版出版後、二〇〇年経たないうちに『グリム童話』は、偉業を達成しました。ここでユネスコ世界記憶遺産に登録された、グリム童話出版の過程について記述します。

初　版　第一巻　一八一二年　八六話
初　版　第二巻　一八一五年　七〇話
　合計一五六話
第二版　第一巻　一八一九年　八六話
　第二巻　一八一九年　七五話
　合計一六一話と子どもの聖者伝説九話
　第三巻　一八二二年　注釈編
第三版　第一巻　一八三七年　八六話
　第二巻　一八三七年　八二話
　合計一六八話と子どもの聖者伝説九話
第四版　第一巻　一八四〇年　八六話

世界記憶遺産になった『グリム童話』初版1、2巻（著者提供）

第二巻　一八四〇年　　九二話
合計一七八話と子どもの聖者伝説九話
第五版　第一巻　一八四三年　　八六話
第二巻　一八四三年　　一〇八話
合計一九四話と子どもの聖者伝説九話
第六版　第一巻一八五〇年　八六話
第二巻一八五〇年　一一四話
合計二〇〇話と子どもの聖者伝説一〇話
第三巻一八五六年　注釈編
第七版　第一巻一八五七年　八六話
第二巻一八五七年　一一四話
合計二〇〇話と子どもの聖者伝説一〇話

以上一六冊がユネスコ世界記憶遺産に登録されました。それらの手沢本には、兄弟の自筆のメモ書きが多く見られます。近年メモ書きの多さで初版のみが注目されるようになりました。『グリム童話』の下書きは、兄弟が破棄したため残っていませんので、これらのメモ書きは貴重です。

三　『グリム童話』の挿絵と小型版

では、どのようにしてその間、『グリム童話』は人々の間で生き続けていったのでしょう。その歴史

「ドロテーア・フィーマン」（ルートヴィヒ・エーミール・グリム、1819年、第２巻）

「兄と妹」（ルートヴィヒ・エーミール・グリム、1819年、第１巻）

を紐解き、教育において取り扱われた様子なども調査して記述します。

『グリム童話』初版第一巻、二巻は、お話のみで挿絵が付けられていませんでした。そのうえ残酷なメルヒェンもあり、子どもにはふさわしくないといわれました。そのため世間の評価も考慮に入れ、兄弟は、『グリム童話』第二版以降「白雪姫」の実母を継母に変えたほか、ペローの作品に類似しているメルヒェン「長ぐつをはいたネコ」を削除するなどの手直しをしました。また第二版一巻には、画家の弟ルートヴィヒ・エーミール・グリム（一七九〇～一八六三年）が描いた『グリム童話』の「兄と妹」、第二巻には、良いメルヒェンを語ってくれた「ドロテーア・フィーマン」（一七五五～一八一五年）の挿絵を掲載しました。

挿絵といえば、イギリスで一八二三年に初めて翻訳された『グリム童話』にジョージ・クルックシャンク（一七七二～一八七八年）の挿絵が付けられ、評判が良かったことに習い、グリム兄弟は、一八二五年に第二版（一八一九年　一、二巻）から五〇話を抜粋し、「小さい版」として挿絵付きの小型版『グリム童話』を出版しました。「小さい版」に対して今までの『グリム童話』は以降「大きい版」と呼ばれるようになりました。挿絵入りの小型版『グリム童話』は人気があり、その後も約五〇話を収録するかたちで発行され、一〇版を重ねました。

また一八一〇年のエーレンベルク手稿という四八話のグリムメルヒェンがあります。これらのメルヒェンは、グリム兄弟がロマン派の詩人クレメンス・ブレンターノの依頼に応えて送ったもので、一九世紀末にアルザス地方のエーレンベルク僧院で、ブレンターノの遺品として使用されないまま発見されました。今でも貴重なエーレンベルク手稿としてスイスに現存しています。

『グリム童話』が編纂され始めた一九世紀は、ロマン主義の時代で、メルヒェンが重視されました。「おんどりの石」（『クリン王』安藤美紀夫・剣持弘子訳　小林和子絵　小峰書店、一九八四年）というイタリアのメルヒェンを素材に、詩人ブレンターノは、長編童話『ゴッケル物語』（クレメンス・ブレンターノ著　矢川澄子訳、月刊ペン社、一九七七年）を書きました。自分たちが執筆してこそ最高の文学になると思っていました。ところがグリム兄弟は、彼らとは少し考えが違っていました。二人は、「小さいものは、大きなものの説明に必要である。」という考え方を常に念頭に置いて、民衆の間に伝わるメルヒェンをなるべくそのままの形で収集し、文章化しました。小さなお話を集め、大きな童話集を四七年間かけて編み上げました。それは、まさに小さな誕生の地ハーナウから大きな活躍の地ベルリンへの道を表しているようでした。本来教授という職業があり、他に業績も数多くあるにもかかわらず、メルヒェンをより良い形で人々に渡そうと二五歳から七八歳までメルヒェンの手直しに力を注ぎました。兄弟は、今となっては副業のほうが有名になってしまったことになります。

『グリム童話』には、「あかずきん」「ヘンゼルとグレーテル」「カエルの王様ないし鉄のハインリヒ」「白雪姫」「灰かぶり」など有名な話のほかに、「ブレーメンの町楽師」のように世相を反映した話、「ネズの木の話」のように残酷な話、「こわがることを習うために旅に出かけた男の話」のように怖い話、「蜂の女王」のようにばかにされていた三番目の王子が、実は兄弟を助ける能力を持ち合わせている話など、様々な人間像を語る話が二〇〇話含まれています。これらには、人生において学ぶべき知恵が詰まっているうえ、現代の世の中で学ぶべき大事なメッセージが込められているといえます。

四　学校における『グリム童話』の採択と排除

ドイツの学校で読まれた最も古い読み物は、動物寓話でした。道徳教育に役立ち、適切な処世訓を伝えています。

一九世紀半ばになると『グリム童話』は、次第に学校の教材として導入され始めました。そして学校関係の文集や読本にも掲載されるようになりました。そのようなわけで一八四三年のカッセル実科学校と国民学校では、すでに『グリム童話』から「漁師とそのおかみさん」が取り上げられています。教師カール・ユスト（一八四九年〜?）は、『子どもの母親と先生のためのメルヒェン講義』を出版しました。その本には、『グリム童話』から一二話のテキストが特別な方法で翻案されています。

『グリム童話』は、その後教科書や読本で美術面においても重要視されるようになりました。一九世紀の一枚絵の技法からは、絵を見渡すだけで文字は読めなくとも、お話の内容を一枚の絵から理解することができました。また二〇世紀初めにかけて、一枚の紙では失われることが多いことから、教室に『グリム童話』を定着させるために学校壁画の形がとられていきました。七〇×一〇〇センチメートルの大きさの壁画が二八枚、一九〇四年よりドレスデンの出版社から出版され始めました。

ヨハネス・フェリックス・エルスナー（一八六六～一九四五年）は、「あかずきん」「イバラ姫」「ホレおばさん」「ブレーメンの町楽師」の絵を描きました。また一九〇七～一九一八年の間には、ミュンヒェンのメルヒェン画家パウル・ハイ（一八六七～一九五二年）により、「白雪姫」「長ぐつをはいたネコ」「星の銀貨」「オオカミと七ひきの子ヤギ」「三人兄弟」「イバラ姫」「灰かぶり」が描かれました。ライプチヒの出版社が第一次世界大戦後に制作した学校壁画は、六〇×八〇センチメートルの大きさで、市場に出回りました。

一九三〇年代から四〇年代になると、「学校における『グリム童話』」は、とにかくイデオロギーの目標のために解釈がし直され、利用されることになりました。それで、一九三〇年代の学校壁画では、なんと制服の色からナチスの茶色を着た王子がイバラ姫を「ドイツ的挨拶」で手を伸ばして起こします。その一方で、紡ぎ車のそばにいる悪いおばあさんは、ユダヤ人の顔立ちをしています。そして学校壁画は、第二次世界大戦の後さらなる隆盛期を迎えます。

一八一二年に世に出た『グリム童話』は、時代の波にもまれながら口承文芸のみにとどまらず、有名な画家たちの芸術の力も加わり、総合芸術へと発展していきました。では、その芸術作品ともいえる『グリム童話』は、近代学校教育でどのように使用されてきたのか、筆者の知人でドイツ人教師フォン・F氏の証言から記述します。

彼女は教師としてフランスのインターナショナルスクールのドイツ部門に勤務していた経験があり、二〇〇二年に退職するまでの事例を記述してくれました。一五年ほどの在任中、子どもたちと『グリム童話』を読んだことがなかったそうです。『グリム童話』で使用されている言葉は一八一二年当時と同じで、ドイツの子どもでさえ理解するのが困難で、多くの言葉は、現在使用されていない単語でした。その上フランスでは、二か国語を話す子どもが多数おり、ドイツ語の知識の少ない子どもも大部分を占めていました。ドイツで教えていた頃は、六、七歳の子どもには、「あかずきん」や「オオカミと七ひきの子ヤギ」「ホレおばさん」「漁師とそのおかみさん」を読み聞かせをしたことがありました。また別のクラスでは、「ブレーメンの町楽師」を劇にして上演したこともありました。そのときの生徒は、九歳ぐらいでお話を楽しんでくれました。一〇歳の生徒とは、ヤーコプとヴィルヘルム・グリム兄弟について勉強しました。グリム兄弟が幼い頃住んでいた裁判所兼住居のある、シュタイナウに近い学校にいましたから、グリム兄弟博物館にもよく行きました。グリム兄弟の家族とお話を語ってくれた人々のことも学びました。しかし一一歳になる頃には、子どもにとって『グリム童話』は興味の対象から外れていきました。

その現実を、東京横浜ドイツ学園を訪問して目の当たりにすることとなりました。私がドイツ学園の図書館を訪問した時、司書のSさんが教科書を出して待っていてくださいました。閲覧できない教科書もありましたが、一一歳、一二歳用の教科書に『グリム童話』は掲載されていませんでした。ネストリンガーと筆者も訳して出版したことのある、コルシュノフなど現代の作家の作品が、数話掲載されているのを確認したのみでした。

私の知人が記述したように、『グリム童話』は幼稚園と小学校低学年に、読み聞かせたり語り聞かせたりするのがみられましたが、読本としては、ほとんど使用されていないことを知ることとなりました。

確かに一九七〇年代と一九八〇年代、西ドイツでメルヒェンは、反対運動の影響のもとに「メルヒェンの残酷さ」という点で酷評され、学校から排除されたりしましたが、今日『グリム童話』は、再びドイツの幼稚園および小学校の教育でより大きな役割を演じ始めています。それに対して東ドイツでは、純粋に肯定的に『グリム童話』を受け入れていました。

グリム兄弟と語り手、そしてグリム兄弟と書物の翼に乗った『グリム童話』は、ドイツばかりでなく、ドイツから遠く離れた日出る国にまで飛んできてくれたのです。

参考文献

・間宮史子“RHODUS Zeitschrift für Germanistik Nr.10 1994 Universität Tsukuba”筑波ドイツ文学会、一九九四年。
・野村泫『もっと知りたい『グリム童話』』筑摩書房、二〇〇四年。
・虎頭惠美子編『図説グリム童話』河出書房新社、二〇〇五年。
・ベルンハルト・ラウアー　清水穣訳『グリム兄弟　知られざる人と作品』淡交社、二〇〇六年。
・ベルンハルト・ラウアー“MÄRCHEN IN DER SCHULE”カッセル・グリム兄弟博物館、二〇〇八、二〇〇九年。

論考

ロシアの昔話と教科書

須佐多恵

専門
ロシア・カレリア地方の社会と言語。
主要論文
「忘れられたカレリア語の聖書─北辺の民族の悲哀─」、「カレリア語の衰退と再生─夏期講習に参加して─」、「フィンランドにおけるロシア語教育─異言語、そして母語として─」

豊かな国づくりのために、次の時代を担う子どもたちの育成はとても大切なことです。各国の教育政策は、その国が将来どうなりたいかを表していると言えます。特に、地球規模の情報通信網の発達、国境を越えたヒトやモノ、カネの移動の活発化というグローバリゼーションの進展が、世界の様々な文化や価値観を急速に均質化、画一化している状況の中で、各国が自国のアイデンティティをどう維持し、独自性をどう保っていくかが大きな問題となっています。子どもたちは国の未来を担う大切な人材です。ですから、子どもたちのアイデンティティ形成に大きく影響する初等中等教育期にどのような教育を受けさせるか、そのためにはどのような教材が必要なのかは重要な国家的課題なのです。学校教科書はその中でも最も重要なもののひとつといえるでしょう。日本でも、平成二三年（二〇一一）度から小学校用国語教科書に、戦後長らく途絶えていた神話が復活し、昔話や伝承などの学習とともに、学校教育で子どもたちに提示する「日本人らしさ」の再構築が始まっています。

二〇一七年三月、私はロシア連邦ペテルブルク市の第六七ギムナジア（初等中等教育段階の人文系進学校）で、二～四年生の授業を参観する機会を得ました。本稿では、その経験を交えながら、ロシア連邦の初等教育段階（一～四年生）の文学の教科書を題材に、昔話を含むフォークロアが教育現場でどのような役割を演じているのか、その一端を紹介したいと思います。

一　連邦国家教育スタンダード

本題に入る前に、ロシアの教科書について少し触れておきます。

ロシアでは、日本と同じように教科書検定があります。日本の学習指導要領に相当する「連邦国家教育スタンダード」は、初等中等普通教育などそれぞれの教育段階ごとに、基本的な教育内容、その到達目標とそれを実現するための教職員の配置、年間の標準授業時間数、財政や施設の基準などを定めています。教科書は、このスタンダードに基づいて設定された「模範基本教育プログラム」に従って作成されます。「模範基本教育プログラム」とは、各教科の教育内容と各教育段階修了時までに児童・生徒が習得しなければならない到達目標並びに授業時間の配分等を示したもので、各出版社はスタンダードとこのプログラムに基づいて教科書を作成します。作成された教科書は、ロシア連邦教育科学省が実施する教科書検定を受け、合格したものが連邦教科書リストに掲載されます。各学校はこのリストの中から教科書を選定します。

二　科目としての「文学」

ロシアでは、昔話は、主に、「文学（初等教育段階では「文学の読み方」）」の授業で学びます。日本の小学校では、漢字や文法などの学習と文学作品の鑑賞が同じ「国語」の中で、ひとつの教科書を使って行わ

表１　ロシア語を教授言語とする学校の基本教科課程
（初等・前期中等教育段階）2015 年版

科目＼学年	1	2	3	4	5	6	7	8	9
ロシア語	4	4	4	4	5	6	4	3	3
文学の読み方	4	4	4	3					
文学					3	3	2	2	3
外国語		2	2	2	3	3	3	3	3
数学	4	4	4	4	5	5	5	5	5
情報学							1	1	1
周りの世界	2	2	2	2					
歴史					2	2	2	2	2
社会						1	1	1	1
地理					1	1	2	2	2
物理							2	2	3
化学								2	2
生物					1	1	1	2	2
宗教文化と道徳の基礎				1					
芸術（音楽、造形芸術）	2	2	2	2	2	2	2	1	
テクノロジー	1	1	1	1	2	2	2	1	
体育	3	3	3	3	2	2	2	2	2
安全生活の基礎								1	1
合計	20	22	22	22	26	28	29	30	30
地方要素と学校要素	1	1	1	1	2	1	2	2	3
週５日制の場合の授業負担の上限	21	23	23	23	28	29	31	32	33

（資料）「模範基本教育プログラム」（2015 年４月８日　普通教育・連邦教授法連盟認可。
議事録 No.1/15）

「文学の読み方」1 年生上巻（2011 年版）

れるのに対し、ロシアの学校では、文法と正書法を学ぶ「ロシア語」と、読解が中心の「文学」がそれぞれ別個の独立した教科になっています。表1はロシア語を教授言語とする初等中等段階の基本教科・科目と各学年の週間授業数を示したものです。特に、一～三年生では「文学の読み方」に「ロシア語」と「数学」の授業数と同じく週四時間割かれており、文学教育が重視されていることがわかります。四年生で「文学の読み方」の授業数が一時間少なくなっているのは、そこで教えられていたいくつかの項目が、二〇〇八年に新設された「宗教文化と道徳の基礎」に引き継がれたためだと考えられます。

ロシアでは二〇〇七／二〇〇八年度から、義務教育期間がそれまでの一〇年から一一年に変更されました。初等中等普通教育は、四（一～四年生）・五（五～九年生）・二（一〇～一一年生）制で、ほぼ日本の小中高に相当します。今回取り上げる教科書は、プロスベシチェーニエ社の初等教育段階（一～四年生）用『文学の読み方』（リュドミーラ・クリマノーバ著）です。それぞれ音声教材がついています。二〇一五年発行の最新版もありますが、現在もまだ多くの学校で旧版が使用されていることを考慮して、旧版を検討することにしました。

教科書は各学年上下二巻で、あわせて二〇六頁、四年生になると三四三頁にもなる分厚さです。ページ数から見れば日本の教科書と同程度ですが、文学作品だけでこのページ数ですからかなりの分量です。その中に長短あわせて一〇〇以上の作品がびっしり詰め込まれています。また豊富な写真や挿絵やカラフルな色使いは、教科書を見て楽しいものにしています。

三 教科書の構成

それでは具体的に教科書の内容を見てみましょう。

全体的な印象をつかむために、表2は、一～四年生用教科書の大見出しを、わかりやすいように順序を若干変え、上下二巻をまとめて列挙しました。右側に線を引いた大見出しは、もっぱらフォークロアのみを扱った項目です。ロシアでは「フォークロア」という言葉は、数え歌や昔話など民衆の間で口から口へと伝承されてきたすべての文化、つまり「民衆口承文芸」の意味で使われます。いわゆる「昔話」は、ロシア語で「ナロードナヤ・スカースカ（民衆のスカースカ）」と言います。「民話」と訳される場合もありますが、用語の混乱を避けてここでは「昔話」と表記します。昔話の内容や形式を素材にして作家が創作したものは「民衆のスカースカ」に対して、「文学的スカースカ」と呼ばれます。単に「スカースカ」という場合は、この両者を含む「現実にはあり得ない要素を伴った空想を基盤としたお話」全般を指しています。

これらの大見出しは内容に応じて、かなり大雑把ですが、次のように分類することができます。ただし、それぞれの項目の内容はお互いに重なり合っている場合が多く、明確に線引きできるわけではありません。あくまでも「そのような傾向があるもの」と考えてください。

①豊かな言葉の習得と想像力の育成に関わるもの
②道徳的価値を扱うもの
③本格的な文学作品を鑑賞するための準備となるもの

①では、音読や暗誦、歌、劇、舞踊など、声や身体を使って言葉のリズムや楽しさを体験しながら、表現力や空想力を高めることを目指します。

「虹よ、虹」「民衆口承文芸」「こんにちは、スカースカ」

②は、道徳を人間の具体的な行いの中で考え、道徳そのものと、それを行う人間の本性について考察するものです。以下のような主題に分けられ、ともに「愛」がキーワードになっています。

・命の大切さ　「生き物はみんな好き」「私たちの小さな兄弟のこと」「命あるものすべてを愛せ」
・友情　「すてきなお隣さん、幸せな友だち」「私と友だち」

表2　教科書『文学の読み方』の大見出し

一年生（二〇一一年版）
本――私の友だち
虹よ、虹
こんにちは、スカースカ
生き物はみんな好き
すてきなお隣りさん　幸せな友だち
私が生まれたところ　永久に愛する
一〇〇のファンタジー

二年生（二〇一三年版）
世界で最も偉大な奇跡
民衆口承文芸
ロシアの自然を愛する　秋・冬・春
ロシアの作家
作家――子どもたちへ
私と友だち
私たちの小さな兄弟のこと
楽しく、まじめに
児童文学雑誌より
外国文学

三年生（二〇一〇年版）
本――私の友だち
生活は善行の上に築かれる
魔法昔話
すべて命あるものを愛せ

・隣人愛　「生活は善行の上に築かれる」「お互いに愛し合いながら誠実に生きる」

・郷土愛　「ロシアの自然を愛する」「私が生まれたところ　永久に愛する」『ロシアの自然の描写」

・祖国愛　「祖国について、偉業について、栄光について」

③では、プーシキン、トルストイなど一九世紀の作家や小品が紹介されます。

「偉大なロシアの作家たち」

次に、①～③の内容をジャンル別に整理し、学習年を併記しました。

①豊かな言葉の習得と想像力の育成に関わるもの

一　民衆によって伝承されたもの（フォークロア）

早口言葉（一年生）

数え歌（一、二年生）

なぞなぞ（一、二年生）

わらべ歌（一、二、三年生）

二　特定の作家によって書かれたもの

ロシアの自然の描写
偉大なロシアの作家たち
四年生（二〇一三年版）
世界の文化の中の本
文学的創造の源泉
祖国、偉業、栄光について
お互いに愛し合いながら誠実に生きる
文学的スカースカ
偉大なロシアの作家たち
ことばの芸術としての文学

物語詩　（一年生）

②道徳的価値を扱うもの

一　民衆によって伝承されたもの（フォークロア）

ことわざ　（一、二、三、四年生）

寓話（教訓話、たとえ話）　（二、三、四年生）

昔話　（二、三、四年生）

神話　（四年生）

ブイリーナ（英雄叙事詩）（四年生）

二　特定の作家によって書かれたもの

詩　（一、二、三年生）

文学的スカースカ　（一、二、三年生）

短編小説　（二、三、四年生）

③本格的な文学作品を鑑賞するための準備となるもの

一　特定の作家によって書かれたもの

短編小説　（二、三、四年生）

低学年では①が多く、学年が進むにつれて②から③に移行していくことがわかります。また、教材として、①では、主になぞなぞや数え歌など言葉遊びを特徴とするフォークロアのジャンル、そしてそのジャンルの特性を生かして創作された物語詩が使われていること、②には昔話をはじめ、物語性のあるフォークロアのジャンルや、それらを基にして創作された文学的スカースカが使用されていることも見てとれます。

四　昔話を演じてみよう——感性と想像力を高める

「ロシアでは昔話はフォークロアのジャンルのひとつとみなされています。フォークロアは総合芸術です。言語的、音楽的、絵画的、演劇的要素がひとつの作品の中に溶け込んでいると言っていいでしょう。子どもたちの感性や想像力を高めるためにこれほどすばらしい教材はありません。教科書にフォークロアがたくさん掲載されているのもこのためです。授業ではフォークロアの良さを最大限に活用したいと思っています」。こう語ったのは、四年生の担任エヴドキーモワ先生です。

「大きなカブ」を演じる（4年生）

「子守歌」のメロディーにあわせて輪舞を踊る（3年生）

楽器でリズムを取りながらわらべ歌を合唱（４年生）

その日、まず参観したのは四年生の文学の授業でした。子どもたちは五、六人の三つの班に分かれて、先生から渡された昔話のテキストを読みあわせ、配役を決め、発表に備えます。演目は子どもたちが大好きなだんだん話（累積譚）の代表格「大きなカブ」、「おだんごパン」そして「テレモーク（小さな御殿）」。子どもたちは用意された簡単な衣装や小物を身につけて、次から次へと演じていきます。ほんの短い準備時間にもかかわらず、子どもたちはそれぞれの役になりきって、表現力豊かにセリフを語ります。その楽しくリズミカルなことといったら……。それは語っているというよりも歌っているのです。

ロシア語の持つ言葉の音楽性は、文字だけで伝えることはなかなか難しいのですが、例えば日本語の五七五のように、ロシア語にも魔法の響きを生み出す法則があります。次のわらべ歌を見てみましょう。

ヴァジーチカ　ヴァジーチカ　　お水よ、お水
ウモイ　ナーシェ　リーチカ　　顔を洗っておくれ
シトーブィ　グラーゾンキ　プレステーリ　　おめめがきらきら輝くように

シトーブィ　ショーチキ　ズダラベーリほっぺがぴかぴかになるように

ロシア語ではアクセントのある母音を強く長く発音します。そのため、音のリズムは、「ターン・タ・ターン・タ」。そして一行目と二行目、三行目と四行目がペアになってそれぞれ「イーチカ」、「エーリ」という響きのリングを作っています。このような音のリズムと響きが子どもを言葉遊びに誘い、想像力の翼を羽ばたかせるのです。

今回参観した授業でも、カスタネットやタンバリンを叩いて拍子を取ってわらべ歌を歌ったり、「子守歌」の調べに合わせて輪舞を踊ったりする子どもたちの姿が印象的でした。ロシアでは子守歌もフォークロアのひとつとみなされ、教科書にも登場します。ロシアの伝統文化は芸術の衣をまとって継承されているのです。伝統文化と言葉の教育のすばらしいコラボレーションを垣間見ることのできたひとときでした。

五　昔話とソビエト児童文学

音のリズムと響きといえば、一九二〇～三〇年代に活躍した作家や詩人の作品も引けを取りません。一、二年生の教科書にはその時代に創作された物語詩や文学的スカースカが数多く掲載されています。物語詩とは詩の形式で書かれたスカースカです。

アいたた先生　木のねもと

とてもやさしい　おいしゃさん
びょうきになると　やってくる
めうしに　おおかみ
かぶとむし　うじむし
くまのかあさんも
アいたた先生は　しんせつだ
だれでもみんな　みてあげる
「どうしたんだい？　子どもたちが病気になったのかい？」
「そう、そうなんです！」

コルネイ・チュコフスキー作の「アいたた先生」の冒頭部分です（一年生教科書上巻）。「コルネイ韻律」と呼ばれる独特のリズムと響きを持つ彼の詩は、今でも子どもたちの大のお気に入りです。授業でもみんな声を揃えて楽しく大合唱していました。

教科書にはチュコフスキーをはじめ、マルシャーク、バルトー、ブラギーニナ、ノーソフ、ジトコーフ、ミハルコフ、ウラジーミロフ、カターエフ、ゾーシチェンコなどソ連時代に活躍した作家や詩人たちの作品が数多く採用されています。魅力的で親しみやすいキャラクターが子どもたちの心を捉えるだけでなく、豊かなリズムや響きが子どもたちの音読や暗誦に最適なのです。実際、二〇一三年のロシアで最も出版部数の多い児童文学作家ベスト三は、チュコフスキー、バルトー、ノーソフでしたし、今回ペテルブルクを訪れた際に覗いた書店の児童文学コーナーでも、右に挙げた作家たちの作品でいっぱいでした。社会主義時代の作品がなぜ？と不思議に思われるかもしれませんが、これはソビエト創成期の児童文学の歩みと大いに関係しています。

一九一七年ロシア革命が起こり、一九二二年ロシアに世界で最初の社会主義国が成立しました。新しい時代を担う子どもたちにどのような教育が必要か、どんな本を与えればいいのかが真剣に論議されました。その中で不必要なものの筆頭に挙げられたのがスカースカでした。スカースカの中の奇跡や魔法のような超自然的な空想話が、子どもたちの目を現実から遠避け、新しい社会建設のための実践的なものの見方を損なうと考えられたのです。

「スカースカは、それがフィクションであるがゆえに価値がある」。これはソビエト創成期の文学者マクシム・ゴーリキー（一八六八〜一九三六）の言葉です。彼は子どもの教育にも大きな関心を抱いていました。人間の最も優れた資質を空想力と考え、言葉遊びやユーモアの宝庫であるフォークロアや空想に満ち溢れた昔話の世界に遊ぶことで、子どもたちの中に言葉への愛情や、新しい社会を創るにふさわしい直観力、創造力を育てることができると考えたのです。そうして、彼と意見を同じくする才能ある若い作家たちは、今までにない新しい作品を次々と発表しはじめ、二〇世紀の二〇〜三〇年代にソビエト児童文学は一挙に黄金期を迎え、同時に「文学」は学校の正式な科目となったのです。

残念ながらその後のソビエト児童文学は、あるがままの現実の描写を超えるような作品を認めない社会主義リアリズムの原則にがんじがらめとなり、まもなくその輝きを失います。しかし、この時代に生まれたフォークロアに淵源を持つ作品群は、時代を超え子どもたちに愛され続け、今日の教育の場にもしっかりと引き継がれているのです。エヴドキーモワ先生はこう述べています。「ロシアの教育の核は情操教育にあります。その要となるのが文学教育です。基礎はソ連時代に創られました。私たちはその伝統をしっかり継承していきたいと思っています」。

六　ブイリーナと祖国愛

私たちの祖国、私たちの母国、それは母なるロシアです。私たちがロシアを祖国と呼ぶのは、遠い昔から私たちの祖先がここに住んできたからです。ロシアを母国と呼ぶのは、私たちがここで生まれ、この土地の言葉を話しているからです。ロシアにあるすべてが私たちにとって肉親なのです。ロシアを母と呼ぶのは、私たちにパンと水を与え、言葉を教えるからです。ロシアは母のようにあらゆる敵から私たちを守ってくれます……。世界にはロシア以外にたくさんのすばらしい国がありますしかしひとりの人間には母はひとりです。そして祖国はひとつなのです。

（ウシンスキー作「我々の祖国」より）

これは、四年生用教科書（上巻）の章のひとつ「祖国について、偉業について、栄光について」の最初の部分に掲載された文章です。後には子どもたちへの質問が続きます。

一　君たちにとって祖国という言葉は何を意味していますか。

二　祖国を別の方法で呼ぶことができますか。

三　君たちの母国の名は何ですか。
四　「世界には……ひとつなのです」という最後の文をどのように理解していますか。

加速するグローバリゼーションを背景に、日本を含む多くの国で、国内の社会的統合の強化とナショナル・アイデンティティ再構築の基盤としての愛国教育が進行しているといいます。ロシアも例外ではありません。ここでは、教科書のもうひとつの大きなテーマである道徳的価値を扱うもののうち祖国愛について取り上げます。

フォークロアのジャンルのひとつにブイリーナ（英雄叙事詩）があります。ブイリーナとは、主にロシアの民族や国土を守るために敵と戦う英雄を主人公とする叙事詩です。ロシアの初期封建時代（一一〜一六世紀）に創られたとされ、グースリ（膝の上に置いて爪弾いて演奏する弦楽器）という楽器に合わせ、独特の旋律で代々歌い継がれてきました。イリヤー・ムーロメツの物語はブイリーナの中でも最も有名なもののひとつで、四年生の教科書には聖書の一節やギリシャ神話と並んで「文学的創造の源泉」という章の中に収められています。

若き勇士の方々よ！
われら信仰を守りなん
神の教会護りなん
修道院を守りなん

遠く広野へ出で立って
敵に向かわん　大敵に

怪物や異教徒を撃退し、ルーシ（ロシアの古称）を守るというブイリーナのモチーフは、他国の攻撃からロシアを防衛する戦いで勲功を挙げた英雄を讃える詩や散文の中で繰り返し登場します。教科書で紹介されている、一二四二年ネヴァ河畔の戦いでスウェーデン軍の侵攻からロシアを守ったアレクサンドル・ネフスキー、一三八〇年クリコヴォの戦いでモンゴル軍を破ったドミートリー・ドンスコイ、そして一八一二年ボロジノの戦いでナポレオン軍を撃退したクツーゾフ将軍は、祖国防衛に大きく貢献した誉れ高い歴史上の英雄の代表です。彼らを讃える詩や物語にもこのモチーフが生かされています。祖国愛をテーマとするウシンスキーの文章で始まったこの章は、ここで「祖国防衛」の英雄譚に取って替わり、最後は第二次世界大戦について書かれた作品群で締めくくられています。その導入部分です。

君たちは知っていますか、一九四一年六月二二日、およそ四年間流血の続いた恐ろしい戦争が始まったことを。人間らしい生活が全くなかった時代です。しかし未来の世代にとって大切なことは、その戦争を忘れないこと、歴史的記憶が忘却の淵に沈まないようにすることです。

この後に続く作品は、「レクイエム」「父の写真」「前線のパパへ」など戦争で亡くなった兵士への追悼、子どもの視線から語られた父への思いなどを表現したものが中心で、それまでの勇ましい内容とは異なった趣を呈しています。ソ連はこの戦争で約二千万人というあまりにもおびただしい数の犠牲者を出しました。戦争が終わって七〇年以上経過した今でも、若くして散った名もない兵士たちの祖国防衛の勲功を語りながらも、残された者の悲しみと反戦の思いを子どもたちに伝えることにより重きを置いていることの現われなのかもしれません。

太陽が輝きますように
太陽の光がたっぷりと皆に降り注ぎますように
雷雨になりませんように
不幸がやってきませんように
戦争がなくなりますように

（スタニスラフ・フーリン作「太陽が輝きますように」より）

当局からの愛国教育の圧力は感じますか、との質問に、第六七ギムナジアの先生たちはこう答えました。

「感じる時もあります。でも郷土愛や祖国愛とナショナリズムは違います。教師はこの違いをしっかり区別して、子どもたちに教えなければならないのです」。

七　終わりに

「文学は言葉の芸術である」。

「ドゥロフ社」の五年生用教科書（二〇一六年版）の冒頭を飾る言葉です。この教科書は、年度初めの一、二ヶ月でフォークロアの理論的な枠組みを学んだ後、年度が終わるまでロシアの著名な作家の作品をジャンル別テーマ別に鑑賞する構成になっています。四年生の基礎教科・科目に「宗教文化と道徳の基礎」が新しく導入されたことは先に述べましたが、その影響で一〜四年生用の新版の教科書では友情や隣人愛、祖国愛など道徳的価値を直接扱う作品の掲載数が少なくなっています。今後、これらの教科書で道徳に縛られず、純粋に芸術として鑑賞に適する文学作品がより多く掲載されるようになるのでしょうか。それとも道徳的な側面は残っていくのでしょうか。今後の動向に注目したいと思います。

参考文献

・ナターリア・メドヴェージェヴァ編、東郷正延・笠間啓治訳『ゴーリキー　児童文学論』新評論、一九七三年。
・井桁貞敏編『ロシア民衆文学』三省堂、一九七四年。
・コルネイ・チュコフスキー作、樹下節訳『アいたた先生』理論社、一九七七年。
・『カスチョール』（ロシア児童文学・文化研究誌）、「カスチョール」編集部、四号（一九九二年）、三一号（二〇一三年）、三三・三四合併号（二〇一七年）。
・浜本純逸『ロシア・ソヴィエト文学教育史研究』渓水社、二〇〇八年。
・岩崎正吾・関啓子『変わるロシアの教育』（ユーラシアブックレット一六二）東洋書店、二〇一一年。

・連邦教育科学省「初等普通教育機関の模範基本教育プログラム」、「基礎普通教育機関の模範基本教育プログラム」二〇一五年。

・澤野由紀子「ロシア連邦の学校教育」（WEB国語教育　世界の「国語」教育事情　第七回　ロシア）https://www.shidaikyo.or.jp/riihe/book/series/pdf/23Sawano.pdf

論考

フランスの教育と昔話

荻野文隆

専門　フランス文学・思想、家族人類学
著書・訳書　「他者なき思想：ハイデガー問題と日本」、「世界の多様性：家族構造と近代性」（エマニュエル・トッド）

荻野 Isabelle

専門　フランス語教育、アフリカの歴史と文化
著書・論文　「音声ペンで学ぶフランス語入門：パリの街角で」「ガリアの要塞集落とマリ・古代ジェンネからの展望」

フランスの教育制度は、五・四・三制で、義務教育の年限は一六歳です。それには飛び級と留年が含まれていますので、留年を繰り返した場合、一六歳になれば、中学を卒業しなくとも、義務教育から離れることができるようになっています。また高校までの教育は無償であり、大学でも登録料は年間数万円程度で済みます。教科書については、学校ごとに選択する権限があり、教員の合意で決定されています。高校卒業までは無償で貸与されるほか、ＢＴＳ（Brevet de Technicien Supérieur：高度技術者免許）と呼ばれる高卒後四年間行われる技術系のプログラムでも貸与されています。ただあくまで貸与ですから、教科書は年度が終了すると返却し、次の学年の生徒たちが使うことになります。どれも一定の年数使用し続けることになりますので、書き込みや破損のないことが求められます。

フランスでも国民教育省の指導要領によって教育内容と進度について詳細が定められており、幾種もの教科書がそれに則って出版されています。しかし、教科書の検定という発想が存在しませんので、指

導要領に則りながらも、執筆者たちは自分たちの裁量で自由に編纂していくことができるのです。この点は、検定制度によって内容が縛られる日本の教科書とは、かなり異なる発想を感じることができます。

一　学校の在り方

フランスの学校の在り方の特徴のひとつに、生徒の達成度によっては飛び級も留年も認められていることを挙げることができるでしょう。これは、落ちこぼれをできるだけ作らないように努力している日本の学校の在り方と好対照をなすものといえます。そこに個人主義的な雰囲気のフランスの学校に対して、日本の集団主義的な学校の在り方の対比を見ることができるかも知れません。また自由な能力主義に対して、協調性を重んじる雰囲気を見ることもできるでしょう。いずれにしろ、かなり深い体質的な違いが感じられます。

この体質的な違いは、学校行事の在り方においても、基本的な姿勢の相違として見出すことができます。例えば、日本の学校で三大行事ともいえる入学式、運動会、卒業式などの行事は、フランスの学校では存在しません。日本の学校では一連の行事の開催への準備と達成を通してクラスが、あるいは学校全体がひとつの方向に向かって協力する場面が、学校教育の重要な教育要素と考えられている日本に対して、それを拒否しているともいえるのがフランスの学校です。そこには、フランスの個人主義的で自由主義的な気風を感じることができるでしょう。

学校の在り方というものは、それぞれの社会の長い文化と歴史の産物に他なりません。フランスでは、中世の昔から、財産は平等に分配され、結婚した子どもたちは親から独立した所帯を構えるという伝統がありました。つまり、若いカップルは、平等に相続を受け、親の権威からは自由に自分たちの生活を築くのが当然という風習があったのです。この平等と自由の価値は、一八世紀末にはフランス革命の自由と平等の価値を支えるものとして機能したものでした。日本では、多くの場合、長男に相続権が集中した一子相続と跡を継いだ子どもが親と同居するという習慣を創りだしてきました。不平等な相続と親の権威を尊重するという慣習は、同時に伝統を重んじるという風土をもたらしたものでもあります(1)。このように家族構造に見られる価値観は、社会の雰囲気を深いところで条件づける土壌になっているわけですが、まさに学校の在り方も、それぞれの風土のなかで育まれてきた文化と歴史の特徴を反映したものになっているといえるでしょう。

二　教本と読本

ところでこのような伝統をもつフランスの学校ですが、そこでの国語に当たるフランス語の教科書は、言語的な習得を促す教本版と、昔話、伝説、文学作品など物語系のテクストを収録した読本版の二つがあります。両者が合冊になっていることもありますが、前者の方は、家庭や学校での人間関係を描いた物語を通して、文法を含めた読み方、綴り方の基本の習得に資する内容になっています。また後者の方は、実話とフィクションがジャンル別、時代別に他者とのかかわり方や世界の様々な地域の問題に触れていけるようにまとめられています。さらに、最近の傾向として見られることは、授業で扱う内容を、フランス語という教科の囲みを越えて、歴史、公民の教科と横断的に連携するように配置されていることです。

小学二年用読本

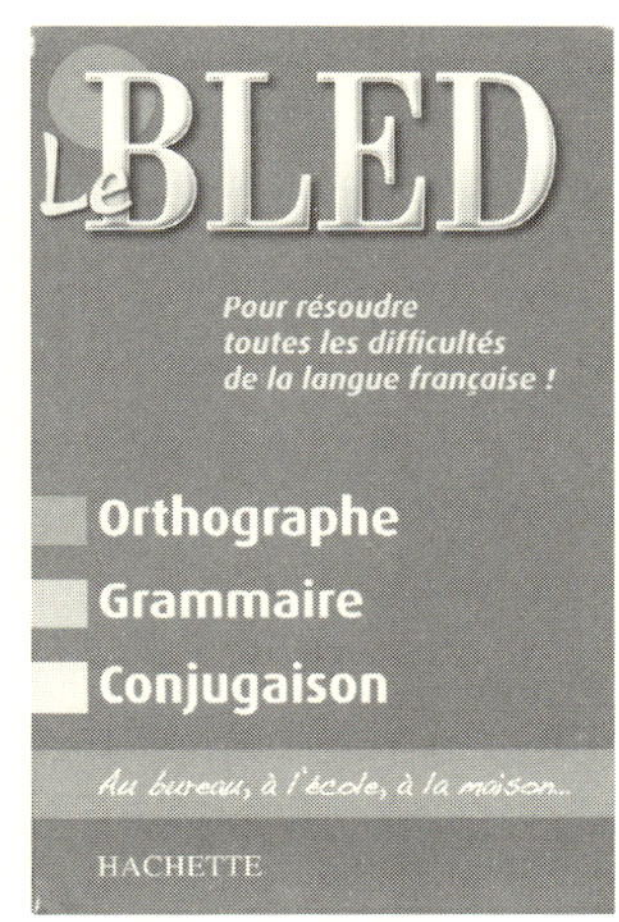

小学校文法

さてこの読本版で扱われている昔話系の定番といえるものには、何といっても一七世紀の作家ラ・フォンテーヌの一連の寓話や中世の語りの世界のキツネ譚があります。キツネ譚とは、中世の社会を反映した物語で、それを動物の世界にたとえたお話しです。王はライオン、大領主は熊、小領主はオオカミとキツネに振り分けられたなかで、農民は人間の姿として語られるのです。中世当時の社会構造をむしろ下層の方から揶揄する視線で描かれたといえるものです。そしてラ・フォンテーヌの寓話の方は、古典的なフランス語を学ぶためのものとされますが、朗読したり、寸劇風に演じたりすることで口頭での表現力を養うための学習としても利用されています。

フランスの読本版を見ると、読み書きの修得において昔話系の物語が大変大きな役割を果たしていることが分かります。読み書きの基礎を作り上げる非常に重要な時期である小学校低学年の読本版に例をとると、小学校二年用では次のような章構成が見られます。[2] ㈠語り話、㈡芝居、㈢詩、㈣ドキュメンタリー、㈤物語。このなかでは㈠の語り話が昔話に最も近い項目といえますが、そこには子どもたちによく知られたフランスの昔話だけではなく、ロシアやデンマーク（アンデルセン）などのお話も一緒に集められています。例えば「長靴をはいた猫」、「狼と三匹の子豚」、「赤毛の小さな雌鶏」（ロシア）、「えんどう豆の上に寝たお姫様」（アンデルセン）、「赤ずきんちゃん」（シャルル・ペロー）、「ウサギと亀」（ラ・フォンテーヌ）、「セミと蟻」（ラ・フォンテーヌ）、「キツネ譚」などです。㈣のドキュメンタリーの項目でも、フランスだけではなく、世界の様々な地域の実話や歴史に触れるように配慮されていることが分かります。「エスキモーの生活」、「日本の人形」、「アフリカ像カイトの歌」などの文が載せられていますし、最後の項目である㈤物語では、サンテグジュペリーの「星の王子様」なども取り入れられています。

「引っ叩かれ屋の子オオカミ」

三　パロディーと暗示

ところで、授業内で使用する教本、読本以外にも、生徒たちを読書に惹きつけようと編纂された読物シリーズが授業の課題のために利用されています。このようなシリーズには、多くの子どもたちにすでによく知られた物語が、しばしば状況を逆転させたり、意表を突くパロディーに仕立てて提供されたりしています。具体的な例を見てみましょう。

チーズを咥えたカラスがキツネにチーズを騙し取られるラ・フォンテーヌで有名なあの話は、「カラスのレオとキツネのガスパール」(Léo Corbeau et Gaspard Renard) としてパロディー化されています。これは、かつてキツネに騙されたカラスと騙したキツネの孫たちの話なのですが、その孫たちは同い年で一緒に仲良く遊びたがっているのです。しかし、かつて騙された経験のあるカラスの祖父はキツネの悪賢さを忘れることができず、孫のレオがキツネのガスパールと遊ぶことを快くは思っていないという設定で始まる物語です。

また「引っ叩かれ屋の子オオカミ」(Tête à claques) は、オオカミの家族の話なのですが、その家の子オオカミは普段から不平不満が多く、よく父親に引っ叩かれていました。ある日、その子が、ウサギの家族のベビーシッターをやることになったのです。「オオカミさんだぞー」の遊びをやろうとするのですが、オオカミの家では、その遊びをやったことがなかったので、どうも要領をえません。ウサギの子どもたちは全く怖がらないのです。そこへウサギのお父さんが帰ってきますが、これがまた大変な巨漢なのです。オオカミの子がベビーシッターで来ているとは知らなかったウサギのお父さんは、子どもたちを楽しませるために、「オオカミの子を食べてしまうぞー」と脅します。子どもたちみんなは、その迫力に怯え慄きます。オオカミの子は、家に帰ってその怖かったことを父親に話します。「もう少しで、ウサギに食べられるところだったんだ」と。するとすかさず、また

「引っ叩かれ屋の子オオカミ」

お前は嘘ばっかりついていると、父親に引っ叩かれるという落ちです。

ところで、このような物語本を紹介している国民教育省の推奨図書サイトには、低学年の子どもたちの創造力に訴える暗示的な物語も目につきます[3]。「マッチをもたない少女」(La petite fille sans allumettes)では、ある寒い冬の夜、貧しく学校へも行けなかった少女が、寒さに震えているところを、本の読み聞かせを行っている本屋の店主に見出され、店に招き入れられます。少女は、店のなかで、読み語りに耳を傾けるうちに、自分では読むことのできない本の世界に心を遊ばせ、自分が背負ってきた厳しい現実からしばし逃れて安息の瞬間を得ることができたというお話です。しかし、その後の少女の運命はどのようなものなのかは、語られていません。

四　歴史と昔話

さて、フランスの中学一年は五・四・三制のため年齢的には日本の小学六年に当たります。この学年は小学校を終え、本格的な中学の学習に取り掛かるための助走期間と位置づけられており、昔話や民話の類は、歴史的な展望とともに考察されるようになります。この学年の読本版の目次には、歴史の授業で、ギリシャ、ローマ等の古代文明が扱われるのと連動した次のような項目が並んでいます[4]。(一)音楽と言葉の形、(二)詩的イメージ、(三)昔話、(四)昔話から創作話へ、(五)小説へ、(六)神話・古代文明の文学、(七)ホメロスのオディセイア、(八)神話の英雄たち、(九)聖書、(一〇)ローマの歴史、(一一)ラ・フォンテーヌの寓話、(一二)喜劇のなかの医者。

歴史の授業で扱われる古代文明との関連は、「昔話」や「昔話から創作話へ」に留まらず、神話・古代文明からローマ帝国までの歴史を視野に入れる方向に拡充されていることが分かります。また一七世紀後半のルイ一四世の時代の古代派と近代派の「新旧論争」において古代派であったラ・フォンテーヌに対して、近代派の詩人でもあったシャルル・ペロー（一六二八〜一七〇三）の編纂した「シンデレラ」、「眠れる森の美女」、「青髭」、「ロバと王女」などが収録されているのも、文学的な争点への関心を誘うものとして注目できるでしょう。

なかでも「青髭」（ペロー、原題 La Barbe bleue）[5]は、ブルジョアの時代の到来を密かに予言するかのような物語です。ある日、裕福なブルジョアの夫が、旅に出るにあたって妻に屋敷の鍵を渡します。その折、ある一つの部屋だけは決して見てはいけないと伝えました。しかし、怖いもの見たさに打ち勝てず、部屋を鍵で開けてみると、中には女性の遺体がいくつもあったのです。それは夫のかつての妻たちだったのですが、驚いた拍子に落としてしまった鍵は、まだ残っていた床の血にまみれます。帰ってきた夫は、鍵を見て問題の部屋を開けたことを見咎めます。そこへ、救いを求める知らせを聞いて急遽駆けつけた妻の兄弟の騎兵たちが、妻を殺そうとしていた夫を成敗するという話です。

また「ロバと王女」（ペロー、原題 Peau d'âne：ロバの皮）、は「シンデレラ」の類型といえる物語です。臨終の床にある最愛の妃の願いに応えて、王は再婚する場合は妃よりも美しい女性としか結婚しないと誓います。そのため、その誓いに背かずに跡継ぎを得るには、二人の間の子である王女と結婚するしか方法がないと確信した王は、我が子である王女に結婚を迫ります。困った王女は妖精の力を借りてなんとか無理難題を突き付けながら拒否し続けたのですが、遂に万策尽きて城を逃げ出し、森の中でひっそりと暮らし始めます。ある日、そんな王女を見初めた隣国の王子が、王女の指輪を手掛かりに王国中を探し回った挙句、最もみすぼらしかった召使の女の指にその指輪が見事に嵌(はま)ったことで、王女を見つけ出すというお話です。シンデレラの指輪版といえるこの物語は、カトリーヌ・ドヌーヴ主演の映画にもなっているものです。(6)

ところで、この教科書には、シャルル・ペローと同時代のオルノワ婦人こと、Marie-Catherine d'Aulnoy（一六五〇〜一七〇五）の民話集に収められた「青い鳥」も挙げられています。この「青い鳥」は、フロリン姫と青い鳥に変身してしまったシャルマン王の愛の物語ですが、もともとはスイスやガスコーニュ地方の民話であったものです。(7)その後も、多くの作家たちに刺激を与えた物語です。(8)

五　科目の横断性

さて中学二年（日本の中学一年）は本格的に高校へ向けての教育が始まる学年です。既に見たように、中学一年段階から詩や喜劇といった文学的なジャンルに対

「中学一年フランス語教科書」

映画「最高の花婿」

する認識を促す内容が教科書に盛り込まれていましたが、中学二年の合冊版教科書では、さらに細かな文学的ジャンルが扱われるとともに、歴史については、中世の社会、風俗に関する項目が加わり、次のような構成が見られます。(9)

㈠言葉の力、㈡三面記事から小説へ、㈢海での冒険、㈣推理小説、㈤詩人の世界、㈥喜劇のなかの闘争、㈦騎士物語、㈧貴婦人・妖精・魔女、㈨キツネ譚とその系譜、㈩大航海者たち。

中学一年の歴史の教科が、ギリシャやローマの古代文明を扱っていたのに対して、中世の歴史が学ばれる中学二年では、フランス語の教科でも中世の作品が対象となってくる訳です。キツネ譚は、まさに中世の社会と風習を物語るものであり、とりわけ騎士物語は、北フランスを拠点にした王権が南フランスを制圧した時代の物語であり、さらには一一世紀末から、何度も繰り返された十字軍の遠征によって、多くの富と文化を中東から導入した時代の産物でもあったのです。一二世紀の北フランスの吟遊詩人トルヴェールの一人、クレティアン・ド・トロワの騎士物語の登場も、そのような時代背景のなかで可能だったのです。

例を挙げると、ドラゴンの姿に変身する「メリュジンヌ：Mélusine」の物語があります、これは一四世紀末に北フランスのアラスのジャン（Jean d'Arras）によって作品化されたものですが、騎士物語に妖精譚、魔女譚の要素が加わった混合体といえるものです。メリュジンヌは、フランス中西部のポアトゥ地方の領主レイモンダン・ド・リュジニャン（Raimondin de Lusignan）と結婚した女性ですが、週に一日は、蛇とも龍ともつかない姿に変身しなければ、人間の姿でいることができないのです。そこで夫の領主には決して部屋を覗いてはいけないと固く伝えてあったのですが、夫は遂に見たいという誘惑に負けてしまうという話です。ドラゴンの姿を見られたことを知ったメリュジンヌは、そのまま姿を消し、二度と戻ることはなかったのです。姿を見られた女性がいなくなるこの話は、「鶴の恩返し」の類型といえます。

ところで、「メリュジンヌ」も「鶴の恩返し」も、禁止をめぐる物語だという意味では「青髭」と類似した物語ですが、同時に禁止する側が女性である「メリュジンヌ」と「鶴の恩返し」に対して、禁止する者が男性である「青髭」は非対称性をなす物語でもあります。そこに「青髭」が、女性を中心に展開する中世の騎士物語からは時代的には遠く離れた絶対王政の時代の物語であり、ブルジョアが次第に台頭し、貴族を脅かす勢いをもち始めたルイ一四世の時代に相応しい装いをもつ物語であったことが理解できるのです。助けに駆け付けた妻の二人の兄弟は、竜騎兵と近衛騎兵ですから、貴族だった訳ですが、それに反して、禁止する者である夫は、貴族ではないのです。おそらく作者のシャルル・ペロー自身が、ブルジョアの出身であり、この時代の文学をめぐる新旧論争で近代派を代表する詩人であったこととも関連しているのです。

六　映画に見る多文化状況

さて、ここまで見てきたように、フランスの学校で使う読本版には、フランスやヨーロッパの物語以外にも、日本、マオリ族、エスキモー、アフリカ象についての物語やアマゾンの森林に住むジャガーの神話など、様々な地域の物語が採用されています。これは、ひとつには、ヨーロッパやアフリカさらにはアジアの諸地域からの多くの生徒たちを受け入れているという現実を背景にした選択だといえます。

そんな中で、学校の多文化的状況を描いたいくつもの映画が、ここ一〇年の間に大きな反響を巻き起こしてきたことは注目に値するでしょう。それらの映画は、いずれも様々な文化的背景をもつ子どもたちが集う学校での試行錯誤の様子を描いたものです。なかでも、パリの外国人生徒受け入れのためのフランス語クラスの様子を描いた「バベルの学校」(La cour de Babel)(10)(二〇一三年)と、パリでも移民系の生徒が多い地区の学校を題材にした「パリ二〇区、僕たちのクラス」(Entre les murs)(11)(二〇〇八年)は、大変好評を得た作品として興味深いものです。

「バベルの学校」は、原題が『旧約聖書』のバベルの塔になぞらえた「バベルの校庭」という意味です。これは、ドキュメンタリーですので、様々な国からフランスに移住してきた子どもたちの「フランス語適応クラス」の一年間の様子を実際に撮影したものです。セネガル、エジプト、リビア、コソヴォ、アイルランド、中国など二〇の国籍がひしめき合う二四人のクラ

映画「パリ20区、僕たちのクラス」

映画「バベルの学校」

スの、悩みながらの泣き笑いや衝突を描いた作品だけに、反響も大きかったわけです。

また「パリ二〇区、僕たちのクラス」の方は、原題は「壁の内側で」という意味ですが、二〇〇八年に製作されたフィクションです。移民が多く住むパリ二〇区の中学校を舞台にして、やはりその多くが異なる背景をもつ二四人の生徒たちの普通のクラスの日常の生活を描いています。なかには教科書を音読することを拒む子どもや、書き言葉に対して執拗にスラングに寄りかかる生徒たちが、教師に反抗的に団結するなかで、悪戦苦闘する教師の姿が描かれています。カンヌ国際映画祭で金賞を獲得した映画ですが、教師役を演じているのは自ら教師経験を持ち、この映画の原作となった小説の著者でもあるフランソワ・ベゴドーです。[12] ですので、脚本には実際の教師の経験が見事に活かされているとともに、普通の子どもたちによって演じられた自然な演技からは偽らない気迫が伝わってくるものとなっています。この作品は今日の学校の様子を辛抱強い視線の下に丁寧に再現しようとした試みといえるでしょう。

ところで、このような学校の情況は、今日のフランス社会では都市部を中心に偏在的な現象となっています。それは近年、そのような多文化的な社会状況をコミカルに描いた映画「最高の花婿」[13]（二〇一四年）が、圧倒的な興業成績を挙げたことからもうかがい知ることができるのです。原題を Qu'est-ce qu'on a fait au Bon Dieu ? といい、私たちはいったい善良な神に何をしたというのか、という意味です。平たく言うと、なんでこんなひどい目に合わなければならないんだ、一体どんな悪いことをしたというのだ、といったところです。話は、ルワール川流域にあるシノンという地方都市の旧家の四人姉妹が、それぞれユダヤ系、アラブ系、アジア系、アフリカ系の男性と結婚し、両親がその入り組んだ人間関係に翻弄されるというものです。このシノンという街は、中世に歴代のフランス王が居城を構えたところでもあり、風光明媚なフランスの古い歴史を象徴する街でもあります。あのジャンヌ・ダルクが、一四二九年、英仏百年戦争で追いつめられていた王太子シャルル（シャルル七世）を窮地から救う歴史の始まったシノン城のある場所なのです。そのシノンの旧家の両親は、娘たちに伝統的なカトリックとしての結婚を願っていたのですが、その期待は、ことごとく裏切られていったのです。しかし最後には両親は、自らが縛られていた家族観の殻を抜け出し、人生の新たなステップに向けて世界一周の旅に出発するという筋立てになっています。信心深いカトリックで、フランスの伝統的な慣習の中に生きてきた夫婦が、娘たちもびっくりの新たな人生へ旅立ちする物語というわけです。

現在のフランス社会の象徴的な現象ともいえるこのような状況をめぐって、意表を突き、状況そのものを逆転させていくこの映画の展開は、ちょうど読者の子どもたちを惹きつけようとする民話・昔話のパロディーへの趣向と通底するものだといえるでしょう。

七　フランスの問題状況

ところで、フランスは現在、ＥＵヨーロッパ連合に加盟している二八か国のひとつであるとともに、共通通貨ユーロを採用している一九か国のユーロ圏の国でもあります。このＥＵ内の自由な人の動きに伴って、学校教育の現場も、様々な変化に直面しています。またユーロを採用していることにより、産業の空洞化が進み、通貨の切り下げによる産業力の立て直しもできないために、失業率が一〇％を越え、若者層の失業率に至っては二〇％を超えています。このような情況の中では、若者たちが就職の機会を得るために、教育が果たすべき役割は大変重要だといえます。ところが、現在、小学校を終える段階で、八人にひとりの子どもが読み書きに何らかの問題を抱えて中学へ進むといわれています。[14]その背景には、このようなEUとユーロが作り出している大変深刻な状況があるとともに、ここ一〇年ほどの間に、公務員削減の一環で、教員が数万人規模で削減されてきたことがあります。そこでは、飛び級あり、留年ありの発想のもとで、落ちこぼれを

「中学二年フランス語教科書」

放置する傾向を容認してきた現実があり、その是正の試みとして様々な試行錯誤が繰り返されています。社会的、経済的格差が、学校内の格差ともなって現れているともいえるでしょう。かつてプラスに働いていた個人主義的で自由な精神を育成するためのフランスの学校の在り方が、逆にマイナスに働いている局面が出現しているともいえるのです。

フランスのこのような状況は、多かれ少なかれ西欧諸国の状況を物語っているものですが、翻って東アジアの動向は、逆の方向に振れつつある問題状況が出現しているといえるでしょう。一昨年二〇一六年、韓国では、教科書を検定教科書から国定教科書へ切り替えようとする動きが見られましたが、これは多様性を認める自由な教育環境に求められているものとは逆行するものでした。西欧と東アジアが、それぞれ逆の方向に問題状況を抱えているという現実を前にするとき、それぞれの良さを創り上げてきた歴史と文化そして人々の知恵を学び合い、補い合うことの重要性を痛感するのは独り筆者だけの思い

に過ぎないのでしょうか。

注

1 『世界の多様性』、エマニュエル・トッド、藤原書店、二〇〇八年。
2 Lecture CE1 Comme un livre, Hachette, 2010.
3 Eduscol : eduscol. education. fr
4 Français Textes 6e, Nathan, 2009.
5 「青髭」、監督カトリーヌ・テレイヤ、ＣＣＲＥ、二〇〇九年
6 「ロバと王女」、監督ジャック・ドゥミ、ハピネットピクチャーズ、二〇〇六年
7 『フランスの民話集Ⅰ，Ⅱ，Ⅲ，Ⅳ，Ⅴ』、金光仁三郎、渡邉浩二ほか編、中央大学出版部、二〇一二〜二〇一六年。
8 一九〇八年には、メーテルリンクによって同名の童話劇が作られていますが、内容は全く異なるもの。
9 Textes & Compagnie 5e, Nathan, 2008.
10 「バベルの学校」（La cour de Babel）、監督ジュリー・ベルトゥチェリ、配給ユナイテッドピープル、二〇一三年
11 「パリ二〇区、僕たちのクラス」（Entre les murs）、監督ローラン・カンテ、発売元ミッドシップ、二〇〇八年
12 『教室へ』、フランソワ・ベゴドー、早川書房、二〇〇八年
13 「最高の花婿」（Qu'est-ce qu'on a fait au Bon Dieu ?）、監督フィリップ・ドゥ・ショヴロン、発売元ポニーキャニオン、二〇一四年
14 Natacha Polony, Chronique de Jacques Sapir, Radio Sputnik, 27 juin 2017

論考

アメリカの伝統教育

細川太輔

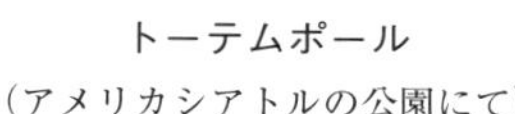

トーテムポール
（アメリカシアトルの公園にて）

一　はじめに

日本の学習指導要領には伝統的な言語文化を指導するよう定められているため、小学校の教科書にも古典が入っています。例えば低学年の教科書には神話として「いなばのしろうさぎ」、昔話として「かさこじぞう」などが掲載されています。日本では昔から神話や言い伝えが多くあり、引き継がれているので、このように日本の神話を選ぶことが可能です。

しかしアメリカのような移民国家では、子どものルーツとする民族が多様であったり、別な国に自分のルーツがあったりします。アメリカの昔話などなく、みな自分の民族の昔話が昔話なのです。そのため日本のような昔話を教材にすることが困難です。

そこで本稿ではアメリカの教科書の分析を行います。アメリカの教科書ではどのような話が扱われているのかを作品名とその要約から、またそれがどのように指導されているのかを教科書の記述から紹介します。

二　アメリカの教科書

公益財団法人教科書研究センター附属教科書図書館

に所蔵されているアメリカの小学校の reading の教科書の中から、最も新しい教科書である Houghton Mifflin reading（二〇〇四年）（一、二、三、四、五、六年生のもの）を調査しました。

この教科書では「このジャンルに注目してみよう（Focus on Genre）」というコーナーがあり、その中に昔話などいろいろなジャンルの話が入っています。本稿ではそれを学年ごとに紹介します。またこの後の訳は筆者の訳であることをご承知頂きたいと思います。

（一）一年生　民話（folklores）

一年生では民話が扱われています。一ページ目には民話の説明として、「民話はとても昔から人々に語りつがれているお話の種類です。親は子どもに伝え、その子どもはまた自分の子どもに伝えていきます。これから紹介する二つの民話のように、登場人物は時々、重要な教訓を学びます」と説明され、そのジャンルの特徴を理解できるようになっています。

出てくる話は「めんどりさんの冷たい水」と「もぐらのふくろの中は？」の二つです。

「めんどりさんの冷たい水」

めんどりがつめたい水を飲もうとして川に行き、そこでワニに捕まってしまう。そこでめんどりは「助けて兄弟！」と叫ぶと、ワニはめんどりを離す。その後ワニは、なぜ兄弟と呼ばれたのかについてしばらく悩む。そしてまためんどりに会った時に、なぜ兄弟と呼ばれたのかについて尋ねる。するとめんどりは「どっちもたまごから生まれるから」と答える。そこでワニは納得し、二度と君のことは食べないと言う。

「もぐらの袋の中は？」

一生懸命働いているもぐらをコヨーテは何もせずにからかっていたが、もぐらが大事そうにしている袋に気づく。そしてコヨーテはその中に何が入っているかを知りたくて、中をちょっとだけ見せるように頼むが断られる。自分だったら大切なものは見せないと考えたコヨーテは、最終的に袋を力づくで奪う。そしてコヨーテは一人になって袋を開けるが、その中にはたくさんの蚤が入っていて、コヨーテは一生懸命体を動かして蚤をとらなくてはいけなくなってしまった。

このような民話をもとにどのような学習を行うのでしょうか。教科書には以下のような問題が書かれています。

1　もぐらとめんどりは教訓を教えるために一芝居打っています。一芝居打つ代わりに他にどんなことができたでしょうか？

2　あなたはどの登場人物が一番かしこいと思いますか？　またそれはなぜですか？

3　コヨーテにどのようなアドバイスを送りますか？

4　他の誰かに語るとしたら、どちらのお話がいいですか？　またそれはなぜですか？

このように四つの問いで学習が組み立てられています。日本では民話などを読んで登場人物の行動を読むか、伝統的な言語文化として親しむかのいずれかですが、このアメリカの教科書では複数の作品を比較したり、他の誰かに語るという設定を持ってきて生活と結び付けたりしているのが特徴的です。「もぐらの袋の中は？」はネイティブ・アメリカンの民話ですが、ここでは言語文化という概念は設定されていないようです。

(二) 二年生　寓話 (fables)

二年生では寓話が扱われています。寓話の説明として、一ページ目に「寓話は教訓を教える短いお話です。登場人物はたいてい人のように行動したり、話したりします。寓話はしばしば寓意や教訓を伝える言葉で終わります」と書かれていて、ジャンルの特徴が説明されています。

紹介されている話は「うさぎとかめ」「カラスと水差し」「ありとキリギリス」「ねずみの相談」「荷馬車の上のはえ」の五つです。「うさぎとかめ」「ありとキリギリス」は有名なのでここでは省略します。

「カラスと水差し」

カラスが水差しの中の水を飲もうとして小石を入れた。このようにして少しずつ水位を上げて飲むことができた。このように少しずつ積み重ねることの重要性を伝えている。

「ネズミの相談」

猫の恐怖に対抗するために猫に鈴をつけることを提案するネズミがいた。しかし長老が誰が猫に鈴を付けに行くのかと話し、誰も行けないことがわかった。行うより言うは易しということを伝えている。

「荷馬車の上のはえ」

荷馬車が土煙をあげているのに、荷馬車の後ろに座っていたはえが「ぼくたち、たくさん土煙をあげているよね」と言った。実際にしたこと以上の賞賛をときどき得ることがあることを伝える寓話である。

ではこのような寓話をもとにどのような学習が行われるのでしょうか。教科書には以下のように書かれています。

1　寓話の登場人物を比べてみましょう。誰が一番かしこいですか？　あなたの考えを説明してください。

2　一つ寓話を選んで登場人物にアドバイスをしてあげましょう。

3　なぜ寓話は教訓を教えるのにいいのでしょう。

4　寓話の中の寓意について考えてみましょう。どの寓意が最も役に立ちますか？　またそれはなぜですか？

ここでも複数の作品を用いたり、もっとも役に立つ寓意は何かという生活に結び付けて考える視点で考えたりすることを求めていることが分かります。日本のように作品そのものをじっくり読むようには教科書は作られていないようです。

(三) 三年生　おとぎ話 (fairy　tales)

三年生ではおとぎ話が扱われています。教科書では「おとぎ話とは、何百年も続いている民話の一つです。妖精が時々登場人物として登場します。殆どの場合ヒーローやヒロインは解決すべき問題や、実生活では起こり得ない出来事、ハッピーエンドを経験します」と説明されています。

具体的には「シンデレラ」と中国版シンデレラと言われる「葉限」という似た展開の話が紹介されています。「葉限」は、要約すると以下の様な話です。

古代中国の指導者呉には二人の妻がいて、一人は葉限という美しい娘を産んで死んでしまった。また呉も死んでしまい、継母は葉限に厳しくあたった。葉限は池に美しい魚を飼っていて、自分の食事を与えていた。それに気付いた継母は怒り、魚を殺して食べてしまった。魚が出てこないので葉限がとても悲しんでいると老人が表れ、魚の骨が願いを叶えてくれること、無駄遣いしてはならないことを告げる。

しばらくして夏祭りになる。夏祭りは結婚相手を探す行事であり、継母は自分の娘だけを連れて行くことにし、葉限に留守番を命じる。悲しむ葉限は骨に服や黄金の靴を出してもらう。骨の精は「決して靴をなくしてはいけない」と言う。夏祭りに出かけた葉限は美しさから注目され、継母やその娘に気づかれてしまう。そこで葉限は急いで家に戻るが、その途中で金の靴を片方落としてしまう。それ以来魚の骨は話さなくなってしまった。

王はその靴の持ち主を探すが誰もその靴に合う者はいなく、黄金の靴を道端に置いておくことにした。葉限はこっそり拾いに行き、骨に返すと骨は再び話すようになった。
　王はそれを手がかりに葉限を見つけ出し、葉限と結婚する。それに対し、葉限の継母とその娘は石に当たって死んでしまう。

では「シンデレラ」と「葉限」の二つを読んでどのような学習をするのでしょうか。以下の四つが示されていました。

1　二つのおとぎ話を比較しましょう。どんなところが似ていますか？　もっとも大きな違いは何ですか？

2　妖精や魚の骨が出てこなかったら、少女は他にどんな方法で問題を解決したと思いますか？

3　シンデレラと葉限、どちらがよりヒロインだと思いますか？　またそれはなぜですか？

4　話の終わりで継母がどうなったか比較しましょう。あなたは継母が報いを受けたと思いますか？　説明しましょう。

ここでも二つの作品を比較していますが、三年生からは物語の構造に注目する学習が取り上げられています。

(四) 四年生　なぜなに話 (Pourquoi Tales)

四年生ではなぜなに話が紹介されています。教科書によると「なぜ星はまたたくの？　象の鼻はどうやって長くなったの？　というような、自然のものがどうしてそうなったのかを説明する民話がなぜなに話である。動物の特徴や太陽や風の働きなども入る。登場人物は象や海と話したりする」と説明されています。教科書では「なぜ太陽と月は空に住んでいるのか」「トラ」「どうやってカメは冬越しで南に飛んだか」の三つの話が紹介されています。

「なぜ太陽と月は空に住んでいるのか」は、アフリカの民話で、以下の様な話です。

　太陽と水はとても仲がよく、太陽は毎日水に会いに行っていた。しかし太陽は水が一度も遊びに来てくれないので、水に遊びに来ない理由を聞くと、水は自分を招待するにはとても大きな家が必要だということを告げる。そこで太陽は月と協力して、水が入れるぐらいの大きな家を作って、水を招待する。しかし水はとても大きく、屋根まで浸かってしまい、太陽と月は濡れないようにするために空に行ったのである。

「トラ」（国は不明）は以下の様な話である。

　トラと雷とこだまとドラゴンはみんな自分が一番強いと思っており、相手にやめてくれ、と言わせる勝負をすることになった。トラは雷、こだま、ドラゴン全てに負けてしまう。またただ負けただけではなく、ドラゴンとの勝負の時にドラゴンの吐いた火で燃えた木がぶつかり、毛皮が枝の模様にこげて黒くなってしまい、縞模様になったのである。

「どうやってカメは冬越しで南に飛んだか」はネイティブ・アメリカンの民話で、以下の様な話である。

　カメは鳥が冬越しするために南に飛んで行くことを知る。そこでカメは自分も南に行きたいので、連れて行ってほしいと鳥に頼む。そこでカメは木を口でくわえ、その木を鳥に運んでもらうことにした。しかし口を開けると落ちてしまうので、話してはいけないと鳥に言われる。しかしカメは我慢できずに喋ってしまって地面に落ちて、甲羅がひび割れてしまう。カメはあまりに痛かったので、池の中で冬の間眠ってしまい、春まで起きなかった。そのため鳥だけが冬越しで南に飛び、割れた甲羅をもつカメは冬の間寝るのである。

この話でどのような学習をするのでしょうか。以下の五つが示されていました。

1　今読んだ三つの「なぜなに話」で共通なところはどこですか？　違うところはどこですか？

2　カメともっとも近い登場人物はなんですか？　共にもっている性質は何ですか？

3　「なぜなに話」は伝統的な民話とどういうところが違いますか？　またこの二種類のお話で共通するのは何ですか？

4　なぞをもっとも上手に説明しているお話はどれだと思いますか？　あなたの考えを支える例をお話の中から選んで示しなさい。

5　「なぜなに話」は世界中の多くの文化にあります。なぜこんなに多くあるのだと思いますか？

ここでも話を一つ一つ捉えずに、話の共通点、相違点を比較したりしています。またこの学年から他ジャンルと比較したり、このジャンルの話がどのように作られてきたのかを考えさせたりしています。作品そのものより、作品が生まれる文化背景について考えるジャンルとしての読みが加わっています。

(五)　五年生　ほら話 (tall tales)

五年生では「ほら話」が掲載されています。

「ほら話」は教科書には「開拓時代、アメリカの開拓者たちは大げさにすることが好きで、彼らは印象的で驚くべきことをするヒーローやヒロインを作り出した。その結果できたお話が新しい種類のお話、ほら話である。ほら話は今でも作られている」と説明されています。ここでは四つの話が紹介されています。

一つ目は「ポール・ブンヤン」という木こりの話です。要約すると以下の通りです

ポール・ブンヤンは子どもの時から巨大であった。アメリカを旅し、彼が木を切ったので、カンザス州やアイオワ州で畑を作ることができたし、つるはしを引きずって歩いたので、そこがグランドキャニオンになった。また仲間の飲み水のために掘った池が五大湖になった。

二つ目は「ジョン・ヘンリーと蒸気ハンマーの競争」です。要約すると以下の通りです。

一八七〇年代、ビッグ・ベンド・トンネルという当時のアメリカ最長のトンネルには多くの労働者がいて、その中でも最もよく働いたのがジョン・ヘンリーであった。ジョン・ヘンリーは労働者のリーダーのトミーに、「会社が買った蒸気ハンマーは三、四人分の仕事ができると言われている。しかし私は強い人間なら機械に勝てると思っている。ジョン・ヘンリー君、君なら勝てる」と言う。そこでジョン・ヘンリーは蒸気ハンマーと勝負することになる。同じ時間を掘った結果、ジョン・ヘンリーの方が多く掘ったので、ジョン・ヘンリーの勝ちとなる。しかしジョン・ヘンリーは力尽きて死んでしまうのである。

三つ目の話が「サリーアン、サンダーアン、ホイールウィンド」です。要約すると以下の通りです。

アメリカの英雄デイビー・クロケットが雨宿り中に寝てしまい、木の叉から頭が抜けなくなってしまった。クロケットが困っていると、木の若木ぐらいの大きさで、腕の太さは船頭ぐらいの少女に出会う。少女は蛇のロープを枝に結び付けて引っぱり、デイビー・クロケットを助けてあげた。デイビー・クロケットが名前を聞くと、彼女は「サリーアン、サンダーアン、ホイールウィンド」と答えた。その時からデイビー・クロケットはサリーのことに夢中になってしまった。他にもサリーは襲ってきたクマとダンスをするなど様々な伝説を残すが、デイビー・クロケットはますます夢中になり、サリーに結婚を申し込み、承諾される。

四つ目の話が「二月」である。シド・フライシュマン（一九二〇〜二〇一〇）という現代の作家が作った話です。要約すると以下の通りです。

天気を抽出する道具を発明したジョシュは暑い日のために二月を抽出し、保存していた。となりに住んでいるジョーンズが左の靴下を隠していないか聞きに来た。当然隠していないとジョシュが

言うと、ジョーンズは誰かが盗んだと言って怒って帰っていった。

　暑い日に二月を使うと、何か黒いものが出てきたのが見えた。それはジョーンズの靴下だった。彼は匂いでわかるのだった。外ではジョーンズは片方だけ靴下を履いてハンモックで寝ていた。黒い靴下は帰巣本能をもっているようで、ジョーンズの左足に戻っていった。ジョーンズは起きて両足を見てなんと思うだろうか。想像もつかない。

この話でどのような学習をするのだろうか。ここでは以下のように示されている。

1　ジョン・ヘンリーとポール・ブンヤンを比べましょう。ほら話の登場人物としてどういうところが似ていて、どういうところが違っていますか？
2　「二月」の誇張は他の物語の誇張とどう違いますか？　またどういうところが似ていますか？
3　あなたがもっとも感心するのはどの登場人物ですか？　またそれはなぜですか？
4　サリーは男性より強いと分かる必要があると思いますか？　理由も考えましょう。
5　もしあなたが登場人物のために誇張を作り上げるとしたら何を作りますか？

ここでも複数のお話を比較することが行われていますが、現代のほら話との比較を入れるなど時代の違いにも注目しているのが特徴的です。またジェンダーについて考えさせたり、自分で話を作って伝えようとしたりするなど現在の生活とのつながりを強くしようとしていると考えられます。

(六)　六年生　神話 (MYTH)

六年生では神話が掲載されています。教科書には「神話とは最も古いお話で自然の不思議を説明する自然神話 (nature myths) と、怪物を倒して世界を平和にする英雄神話 (hero myths)、火や音楽などがどうやって始まったかという創造神話 (creation myth) がある」と説明されています。

　最初に「機織りアラクネ」というギリシア神話が紹介されています。要約すると以下の通りです。


　アラクネという機織りの名人がいた。友達が「神様からすばらしい才能をもらったわね」といったところ、アラクネは「神になんか何も教わってないわ。私はどの神や女神よりも上手に織れるわ」と答えた。

　老婆が現れて、「あなたと女神アテネと織物の勝負をしたらどちらが勝つかしら」と聞いたところ、アラクネは「アテネには勝つ見込みはないわ」と答えた。その老婆は実はアテネで、真の姿を現して織物勝負をすることになった。アテネは神の素晴らしい姿を描いた。アラクネは喧嘩などをしている神を描いた。

アテネはアラクネの織物を見て、「あなたの技術は素晴らしい。しかあなたのうぬぼれはひどすぎる」と言ってクモに変えてしまう。アラクネはどんなにきれいな巣を作っても、人にすぐに壊されてしまうのである。

二つ目は「ギター・ソロ」というマリの神話です。要約すると以下の通りです。

ギターの弦のように六つの川が合流する地にジンという水の精が住んでいた。魔法のギターを引くと水の聞こえないところにいても水の音がするし、川の生物を自由に動かすことができた。ジンがギターをひくと、催眠にかかった魚が畑をあらすので、近くの住民ファランは餓死してしまうと困っていた。

母はファランに魚を食べるべきと教えたので、ファランは魚を取ろうとしたが、うまくいかない。捕まえられたのは食べられないカバだった。しかもカバは逃げ出してしまった。

そこでファランはジンに戦いを挑む。ジンはレスリングも得意だったので、ジンはファランが勝ったらギターをあげると約束する。

ファランは苦しみながらも諦めずに戦い、明け方になるとファランが有利になってきた。そこでジンはずるをして魔法を使ってファランを動けなくする。そこでファランの母は「あなたが最初に捕まえた動物を覚えている?」と尋ねる。そこで「カバ、助けて!」とファランが言うと、カバが現れてジンを押しつぶし、ファランは勝つのである。

三つめの話は「天から音楽をもってくる」というメキシコの神話です。要約すると以下の通りです。

当時地上には音楽がなく、風や海の音も荒々しく、いつも人々は怯えて過ごしていた。そこで物質の妖精テスカリプトラは精神の妖精ケツアルコアトルという羽のある妖精に、太陽のところにいる四人の音楽家をください、と頼みに行くよう頼んだ。

しかし当然の如く太陽は断り、四人の音楽家を脅して地上に行かないように黙らせた。そこで考えたケツアルコアトルは雷を呼んできて稲妻を出させ続けた。

そのあまりの音に恐れをなした四人の音楽家は地上に行くことにし、ケツアルコアトルについて地上に行った。

地上は音楽に溢れ、妊婦はお腹の子どもに歌い、恋人はダンスをし、男は楽しく仕事をすることができるようになった。精神の妖精ケツアルコアトルと物質の妖精テツカリプトカは一体となった。風すらもうなるのをやめ、優しい音をたてるようになった。

このようなで何を教えるのでしょうか。以下のように示されています。

1　三つの神話を比較してみましょう。共通の要素は何ですか？　人間はそれぞれどのように異なって描写されていますか？

2　「機織りアラクネ」と「ギター・ソロ」では、人間は神や妖精と争っています。競争の結果はどう異なっていますか？

3　神話の中であなたのお気に入りの登場人物は誰ですか？　またそれはなぜですか？

4　あなたはケツアルコアトルが太陽のもとから音楽家をつれてきたやり方は正しいと思いますか？　意見と理由を答えましょう。

5　神話の中に英雄が登場することはどのように重要でしたか？　三つの神話の中から二つの例を示しなさい。

ここでも作品を比較して読み、文化の違いや考え方の違いについて考えるような学習が目ざされています。

三　まとめ

日本の教科書で取り上げられている民話や神話とは取り上げられている作品や学習の仕方が根本的に異なっているようです。整理すると次の表のようになるでしょう。

	日本	アメリカ
文章の数	一つ	複数
背景とする文化	一つ	複数
ジャンルの説明・分類	なし	あり
読み方	・登場人物の気持ちや行動を読む ・昔話に親しむ	・登場人物などを比較する ・文化や時代の違いを読む ・ジャンルの読み方を学習する

どちらが正しくてどちらかが正しくないとは言えませんが、日本の教科書で取り上げられている話や取り上げられ方を相対化してみることは、国際化が進んでいる現在、重要なのではないでしょうか。

論考

外国人の子どもたちの言語・文化の継承
——家庭・学校・地域の母語・母文化保持・継承活動から——

齋藤ひろみ
人見　泰弘

一　はじめに

国語科教育では、日本の歴史の中で創造され受容されてきた言語文化に親しみ、継承・発達させることが重視され、小学校低学年では昔話や神話・伝承などが、中学年以上になると文語調の短歌や俳句、古文・漢文などが題材として扱われます。学校教育という制度的文脈の中で、伝統的な言語文化を子どもたちに継承する仕組みがあるのです。では、国を離れて日本で暮らす外国人の子どもたちは、民族の歴史や言語文化をどのように継承しているのでしょうか。

まず、留学生として日本に暮らすカンボジア人の大学院生の姪の例から考えてみます。

二　海を越えて語られる物語
——カンボジアの姪から日本の叔父さんへ

ある日、筆者の大学院のゼミで、カンボジアからの留学生であるマカラさんが、姪のニエンちゃんの動画を嬉しそうに見せてくれました（クメール語でのやり取りを、日本語に訳して）。三歳のニエンちゃんが、「ソップシット王の物語」（クメール文化で語り継がれてきた民話）を、マカラさんに語っている様子が映っていました。カンボジアの地方部では、今でも祖母から孫へ、母から子へと、口承で語り継ぐ文化が残っているそうです。画像には、ニエンちゃんの物語の再話と、それが滞ると「何がいたの？」等と問いかけるマカラさんの姿がありました。

現在、ニエンちゃんは八歳になり、日本で暮らす叔父のマカラさんにインターネットを利用した画像通話で、クメールの逸話を語ってくれるそうです。その様子が次のやりとりです。ニエンちゃんはマカラさんへの再話と対話を通して、クメールの物語世界を自己の文化として形成しているようです。IT技術の発達が、海を越えた口承行動という新しい文化継承の形態を生み出しているのです。

> ニエン：アリは、川を渡ろうと思いました。（略）最初は、葉っぱを使おうと思って、落ちている葉っぱを川に浮かべたけれど、葉っぱは腐っていて沈んでしまいました。それで、ココナッツの皮を見つけて船にしました。でも、（略）。アリは船を下りました。おしまい。
> マカラ：お話しに出てきた動物は何？
> ニエン：アリ
> マカラ：どうしてココナッツの皮の船は沈まなかったの？
> ニエン：最初に乗ってみたら穴があって、水が入ってきたから、穴に葉っぱ入れたの。
> マカラ：何を入れたの？
> ニエン：一つ目の船みたいな葉っぱ。でも、葉っぱだけじゃだめだったから、アリは手で穴をずっと押さえていたの。（略）
> （クメール語でのやりとり　日訳：ハン・マカラ）

では、国を離れ日本に暮らす外国人の子どもたちは、家族の言語文化（母語・母文化）にどのように触れ、どのように取り込みながら己の意味世界を創っているのでしょうか。以下では、母語と日本語、母文化と日本文化という複数の言語文化が交差する環境下で暮らしている子どもたちに、家族やコミュニティがどのように母語・母文化を継承し、学校や地域ではどのように関連する取り組みを展開しているのかを、ミャンマーの子どもたちの例を中心に紹介します。

三　ミャンマー人家庭の言語・文化の伝承
――ティン・ティンさんの場合

マ・ティン・ティン・ウ（Ma Thin Thin Oo）さん[1]は、留学生として来日し、二〇〇九年には難民認定を受け、現在は高田馬場にある「さくらクリニック」で医療通訳者として勤務しています。ティン・ティンさんのお宅を訪問し、幼稚園の年長組に通う娘さんに、ミャンマーの言語や文化をどのように伝えているのかを伺いました。以下、ティン・ティンさんの語りで紹介します。

感謝の気持ちと礼節を大切にすること

私が親に教わった、親や目上の人への敬意や行儀を教えています。例えば、お父さんに足を乗せたりしたら注意しますし、私たち親が荷物を持っていたら手伝わせます。食事の後の片づけは、家族でするものだとも教えています。それと、女性としての振る舞いも。家には家の神様、体には体を守ってくれる神様がいて、自然の力を信じ、感謝する気持ちを忘れないでほしいと思います。

ビルマ語やミャンマーの歴史を学ぶ環境を創ること

三歳までは、ビルマ語を教えていたけれど、嫌がるようになったので、やめました。今は、私がビルマ語で話しかける簡単な言葉は聞いてわかりますが、自分で話すことはほとんどありません。話すのは、ミンガラバー（こんにちは）、ニガウガー（元気?:）、チャズデ

読み聞かせている本

ティン・ティンさんと娘さん

マレー（ありがとう）、タメンサピラ（ごはん、食べましたか?）ぐらいです。

でも、私がビルマ語で通訳をしていることには関心を持っていて、電話でビルマ語で医療相談に応じていると、「何て言っているの?」と尋ねてきたりします。また、私が、道で座り込んでいるミャンマーの方にビルマ語で話しかけ、日本語で病院に連絡して助けてあげた時には、「ママがビルマ語で話しして、通訳しあげないと困るんだね」と理解してくれています。

最近、またビルマ語にも関心を持つようになってきたので、ビルマ語の文字を少しずつ教え始めています。簡単な挨拶のことばを教えたり、寝る前に読み聞かせをしたりしています。日本語の本を読んだ後は、ビルマ語でその内容についてやりとりをします。ビルマ語の本は、いつか、娘が興味をもち、その気になったときに手に取れるようにと本棚に並べてあります。娘の中で何が芽生えてくるか分からないけれども、環境は創ってあげたいのです。

仏教寺院での祭事とお祈りのことば

ミャンマーの文化は仏教と深い関わりがあります。中板橋に、ミャンマーの人が集う仏教寺院がありますが、お花祭りや水かけ祭りが行われ、私も娘も必ず参加しています。東京近辺に暮らすミャンマーの人々が集まり、一緒に祝い、祈ります。そこに集うことで、日本で暮らす私たちは絆をつくり、仏教の教えである感謝の気持ちや親を敬う考え方・振る舞いを維持しているのかもしれません。娘も毎週寺院に通って祈っていますし、寝る前にお祈りを捧げていますので、諳ん（そら）じられますよ。

…………………………

インタビュー後娘さんに、寝る前にママに読んでもらう本の中で、何が好きか尋ねてみました。すると、ビルマ語で書かれたミャンマーの歴史やアウン・サン・スーチーの本を指さします。それを見て、ティン・ティンさんは、「寝る前には必ずミャンマーのことを話しているから、私の気持ちを察しているのかもしれないですね」と語ります。そして、「医療通訳関連の本を読む私の姿を見て、娘が将来は病院の先生になりたいと言うんですよ」と、うれしそうでした。そんな母親の話を聞きながら、娘さんは、最後に、一分にも及ぶ祈りのことばをビルマ語で唱えてくれました。

難民として日本で暮らしてきたティン・ティンさんは、母国であるミャンマーとは一定の距離を保たなければなりませんでした。一方で、自分を育んだミャンマーの文化や信仰を、現在の医療通訳としての仕事や子育ての信条として大切にし、日々の暮らしの中で娘さんにも伝えています。また、ミャンマーの人々の集う寺院の祭事などに参加し、コミュニティとの接触を通して、娘さんにビルマへの関心を育み、伝える環境を創っています。

四　民族コミュニティによる母語継承
――ミャンマー語教室「シュエガンゴの会」[2]

ミャンマーでは政権交替による民主化が進んでいますが、長年日本で暮らしてきたミャンマーの人々は、母国との関わりについては複雑な思いを抱いています。帰国を望んでいても、日本で生まれ育った子どもたちが、帰国後ミャンマーの暮らしに適応できるのか不安で、決断できずにいる人も多いと聞きます。また、日本で暮らす決意をした人も、母語・母文化を子どもにどのように継承するか悩んでいます。かれらにとって、家族の言語・文化を継承することは、形式化された歴史的産物としての伝統文化を伝えることではありません。アイデンティティの一部を形作り、変動する社会においてこれから何者として生きていくかという問いに向き合うことなのです。

こうした切実な思いに応えようと立ち上げられたのが、ビルマ語教室「シュエガンゴの会」です。シュエガンゴの会は、二〇一四年七月にビルマ人と日本人有志によって組織され、会員の寄付によって運営されています。その運営の中心にいるのが、民主化活動家でもあるチョウ・チョウ・ソウさんとヌエ・ヌエ・チョウさん夫妻です。ビルマ語教室は主にヌエ・ヌエ・チョウさんが担当しています。日本で育った子どもたちは、この教室に通ってビルマ語を学びながら、親の言語文化と日本語・日本文化を結び、再編しています。多元的なアイデンティティを形成しているのです。

二〇一七年六月に教室を訪問し、この教室の活動についてヌエ・ヌエ・チョウさんに伺いました。

ミャンマーの文化継承のための活動

私は、子どもたちに、ミャンマーのことばと文化を伝えたいと思っています。ビルマ語もその一つですが、他にも、伝統的な行事を学ぶ機会も作っています。例えば、一〇月のタデンジュ（満月の日の祭り）がありますが、三日間、灯をつけて、ブッダが人の世に降りてくるのを迎えます。そして、自分を生み育ててくれた親への感謝の気持ちを伝えます。日本語ができないからと、親を馬鹿にする子どももいます。そうならないように、先生や親を敬うことや、大人の話をきちんと聞くことを文化として育みたいのです。ただし、大人や権力を恐れてはダメです。ビルマ語やビルマの文化を学んで、自分の意見を言える子どもになってほしいと願っています。

ビルマ語教室に通う子どもと親

現在、この教室には、幼稚園に通う子ども、小学生、そして中学生まで、二五名の子どもたちが通っています。皆、日本生まれです。親が、ビルマ語を話せるように、書けるようにと望んで通わせているのです。中には、帰国を視野に入れて、子どもにビルマ語を学ばせようという親御さんもいます。

家庭では、親は民族の言語やビルマ語を話していますが、子どもたちは日本語とのチャンポンの場合が多く、日本語の方が強いようです。ビルマ語の力は、家庭でどの程度ビルマ語を意識して教え、使っているかによります。家でビルマ語を使わせる家庭の子どもたちは、日本語も上達していて問題はありません。ビルマ民族だけではなく、モン族、シャン族等の子どもも通っています。

毎週土曜日、午後二時から四時まで、親子で教室にやってきます。子どもたちは、同じ気持ちや感覚をもつミャンマーの仲間に会えるのがうれしいようです。遊んで、おしゃべりをして、楽しんでいます。また、教室でビルマ語を学んでいる間、親同士も、子育てや情報交換、ミャンマーの話などをしながら過ごしているようです。

子どもにとっては、ミャンマーの言語や文化を学んで将来のチャンスを広げられるような、親には、同じ悩みや問題を相談し解決するためのヒントが得られるような場にしたいと思います。

……………………………………

次に、筆者が訪問した日のビルマ語教室の様子を紹介します。この日は、子どもたちの通う学校の運動会と重なってしまい、参加した子どもは四名でした。

ビルマ語の学習

一人は明るく人懐っこい四歳の女児です。母親に「あいさつはしたの?」と言われ、「ミンガラバー(こんにちは)」と笑顔を見せます。それを見て母親は「この子、幼稚園に通っているうちに、ビルマ語より日本語のほうが得意になっちゃって。親が悪いんですよね……」と呟きます。教室にあった日本語の絵辞典を手に取り、ひらがなを拾い読みをする娘を見て、「その内、この子とビルマ語で話せなくなるのではないかと心配で……」と続けます。この日、この女児は、ビ

コラム　日本で暮らすミャンマーの人々の社会的・歴史的背景(3)

第二次大戦後、英国より独立したミャンマーですが、1962年に起きたクーデターにより、軍事政権が続くことになりました。軍政が推し進めたナショナリズム色の強いビルマ式社会主義政策は、中国系住民、インド系住民、少数民族に対する差別や排除と経済不況を招きました。1980年代後半より、政権に対する民衆の不満が民主化運動となって広まり、現政権の国民民主連盟（National Leagues for Democracy:NLD）もこの時期に誕生しました。しかし、軍政の武力による民主化運動の鎮圧に、多くの人々が隣国タイや日本を含む海外へ難民として逃亡することになります。その後、2011年から民政への移管が進み、2015年にはNLDが単独で国会議員の過半数を獲得し、翌年には民主政権が誕生しました。アウン・サン・スーチー氏が現在は国家顧問を務めています。また、経済面でも国外からの投資や観光で、現在、経済成長率は高い数値を示すようになりました。

日本に逃れてきたビルマ系難民の多くは、観光などの短期滞在の在留資格、あるいは正規の在留資格を持たずに来日し、難民申請をして法的保護を求めてきました。中には、数年もの時間をかけ、弁護士や難民支援NGOによる助けを得て、法的地位を得ている人も少なくありません。ビルマ系難民の多くは関東圏に暮らしています。東京都心にはビルマ系レストランや雑貨店などがあり、週末には人々が集まり、食事会や文化行事などが開かれています。僧院や教会、モスクなどもあり、人々の心の安寧の場となっています。そのコミュニティは、多民族国家ビルマを反映し、カレン、カチン、チン、モン、シャンと民族背景も宗教的にも多様です。また、2010年には、日本の第三国定住政策が始まり、タイ難民キャンプやマレーシアから、それまでとは異なる移住背景をもつビルマ系難民が来日するようになりました。現在、日本には14000人以上のビルマ人が暮らしていますが、祖国の情勢変化を受け、難民は帰国か、日本での生活継続かを判断する局面に来ています。

ルマ文字のなぞり書きの練習をし、文字の中から同じ形の文字を探す活動を行いました。

九歳の男児三人は、一人また一人と教室にやってきました。全員が集まるまでは、それぞれが文字の読み書きの練習を行っていました。三人のビルマ語の力は、聞いてもほとんど理解できない子から、おしゃべりができて文字も大方覚えている子まで、三者三様です。ビルマ語の教科書を利用して、身近な語の音と綴りを確認し、ノートに書いて練習します。最後に、先生がホワイトボードにクイズ（語の綴りを見て、その意味を絵で描いて答える）を出すと、「あっ！　バイオリン」「これは、車！」と、日本語でやりとりしながら絵を描いていました。最後にビルマ語で会話を始めます。後でお話を伺うと、「ハンバーバーガーショップのことを、いつ、どんなハンバーガーが、いくらなのか、きちんと話せたわよ」と、ヌエ・ヌエ・チョウさんは嬉しそうに語ってくれました。

ミャンマーの野菜チンバンを植える

ビルマ語の学習が終わると、ミャンマーの家庭料理でよく使う野菜「チンバン」を植える活動が始まりました。ヌエ・ヌエ・チョウさんは、種を蒔き、育て、食べて国を知ってほしいと言います。自分のポットに土を入れ、種を蒔き、水をやる……、母親が見守る中、子どもたちは大はしゃぎです。最後に種を蒔き終えたポットに、ビルマ文字で書いた名前のシールを貼りました。

五　学校・地域が育む母語・母文化環境

日本国内の外国人の住民は増えていますが、言語的にも文化的にもやはり少数派です。この文章で紹介したカンボジアやミャンマーの場合、一般の書店や図書館にそれらの言語で書かれた書物はほとんど見られません。メディアからその言語が聞こえてくることもほとんどありません。こうした中、少数派の子どもたちが民族の言語・文化を継承するには相当な努力が必要です。放っておけば喪失しかねません。ランバート[4]は、複数の言語文化環境下で育つ子どもたちの言語・文化に関し、移動先の言語・文化を獲得する過程で、母言語・母文化を喪失してしまう状況を減産的（subtractive）、一方、母語・母文化に加えて移動先の言語文化を獲得していく状況を付加的（additive）と呼びます。そして、付加的バイリンガリズムが肯定的な自己概念に結びつくとします。日本で暮らす外国人の子どもたちが、自身の文化的多様性を肯定し、それを資本として社会参加するには、付加的バイリンガリズムを実現することが重要だと言えます。現在、日本各地で、学校や地域の支援団体が、外国人の子どもたちの母語や母文化の継承を支援しています。次にそうした活動を行っている中学校と地域団体・図書館の例を紹介します。

（1）ミャンマー人生徒が語る「私の国と家族」——中学校における多文化共生教育の取り組み[5]

中学二年生のトゥン（仮名）さんは、全校の多文化共生集会で、出身国であるミャンマーと家族の歴史について、次のようなスピーチを行いました。

トゥンさんのスピーチ

僕が一歳から三歳までの間、ミャンマーでは戦争があった。戦争のもとは、太平洋戦争で、家の近くに英国軍の基地があったために日本軍が空爆してきた。僕たちの民族は、山に逃げ込んで難を逃れた。しかし、ビルマ民族は、僕の民族が何かを企てていると誤解して攻撃してきた。攻撃を受け、ビルマ軍に対抗して戦おうという人々と、逃げて生き抜きたいという人々に分かれた。僕の母は、タイとの国境の辺りに逃げ、山で暮らしていた。そして僕が生まれ、三歳になるまで戦争は続いた。ようやく平和がもどったとき、日本に来るチャンスがあった。母は「外国に行って、子どもたちにもっと勉強させたい」と日本に来る決意をした。

私たちの民族の旗には、三つの色がある。赤は勇敢でたくましい、白は信頼と優しさで、青は正直でうそをつかないという意味である。私は、友達を大切にして、正直者で暮らしていきたい。

トゥンさんは、ミャンマーからの第三国定住難民です。家族とともに来日して五年になりますが、自身がミャンマーのカレン族であることを、同級生の前で堂々と語ったのは初めてです。これまで、ミャンマーの内戦について両親から話を聞くことも、両親がどのように内戦を生き抜き、なぜ日本に来る決意をしたかも尋ねたことはなかったそうです。家族とはいえ、世代によって母国での経験も、母国に関する知識や心情も異なります。トゥンさんの家族は、このスピーチを契機に、家族の歴史に向き合い、来日の意味と家族との関係を編み直したのだと思います。そして、それは、トゥンさんにとっても両親にとっても、これからのライフコースを描き直すことにもなったでしょう。

このスピーチは、トゥンさん自身の年齢的な成熟と学校全体の理解という、個人的そして社会的条件が整って実現しました。この年、学校は多文化共生教育の一環として、第三国定住難民について学んでおり、このスピーチの前には、筆者の一人である人見が難民についてレクチャーを行いました。そのため、周囲はミャンマーの内戦や民族間の緊張状態について徐々に理解できるようになっていました。トゥンさんも学級担任への日誌にミャンマーや家族のことをポツポツと綴るようになったそうです。その変化を捉えた日本語指導担当教員が「多文化共生集会でミャンマーのことを紹介してみないか」と声を掛けたことで具体化しました。

（2）多言語読み聞かせ
――地域が文化の多様性を価値づける

新宿区大久保図書館では、日本語と母語による読み聞かせのイベント「おはなし森のわくわくキャンプ」を二〇一二年の秋から毎年開催しています。図書館職員が写真の『エビとハゼ』（写真上）[6]に触発されて始めたそうです。写真は、「外国人の子どもの学習教室」（NPO法人みんなのおうち運営）で、参加しているフィリピン出身の生徒が、タガログ語の絵本に日本語訳をつけたものです。この教室では、母語で書かれた絵本を、やりとりしながら日本語に訳す活動を行っていたそうです。イベント当日は、タガログ語を母語にもつ年下の子どもたちや日本人の親子が参加したそうですが、その前で、その生徒はタガログ語で、日本人スタッフは日本語で読み聞かせを行いました。その後も、読み聞かせ活動は継続して行われ、二〇一四年の「おはなし森のわくわくキャンプ」[7]では、多言語での読み聞かせに加えて、テントを張ってその中で読書をしたり、絵を描いたりできる場が提供されました（写真下）。

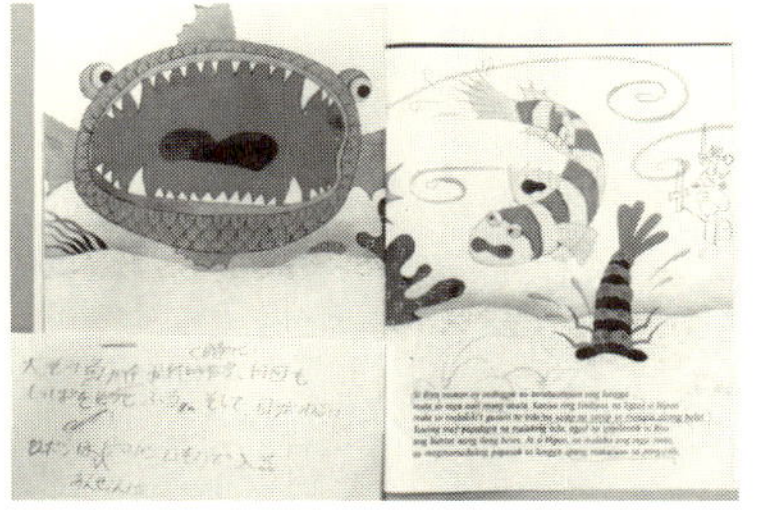

この活動に協力をしてきたNPOみんなのおうちの小林普子さんは、次のように語ります。

「この活動だけで、母語の力がつくわけではないんです。でも、自分が訳した絵本が日本語で紹介されることや、母語での読み聞かせに触れることで、自分のもつ母語や母文化を『価値あるもの』として、生徒たちは肯定的にとらえられるようになるのだと思います。それに、やった分だけ周りの人が喜んでくれる、感心してくれるというので、自己効力感も感じているようです」

図書館という公の場での、日本人住民を巻き込んだ活動で、外国人の子どもたちは、継承言語・文化に自尊感情を抱き、肯定的な自己概念を形成しているようです。また、その後、大久保図書館は、外国人住民の要望に応え、外国語の蔵書を増やしているそうです。こうして地域のダイバーシティも推進されています。

六 結びに代えて

カナダの著名なバイリンガル研究者であるカミンズは、複言語・文化をリソースとする社会の豊かさに言及し、「教育者や教育行政にとっての最大のチャレンジは、すべての市民（学齢期の子どもも含む）の権利を尊重し、文化的、言語的、経済的資源が最大限に引き出せるように、国のアイデンティティづくりに取り組むこと」と主張しています[8]。日本においても、学校等の公的な場が、日本で暮らす外国人の子どもたちの言語・文化に光を当てるならば、かれらの言語に価値が付与され、家庭やコミュニティで行っている継承・伝承を後押しすることになるでしょう。例えば、学校の図書館にカンボジアやミャンマーの物語が並べられたら、教科書等に題材として採用されたらどうでしょう。ティン・ティンさんの娘さんや、「シュエガンゴの会」に通う子どもたちは、民族的な出自や文化を包摂する多元的なアイデンティティの形成を促されるでしょう。日本人の子どもたちも、日本とは異なる風土で培われた物語世界に直接触れることを通して、人が普遍的にもちうる文学的感性や文化的価値に気付き得るのではないでしょうか。そして、様々な国の「物語」を学ぶことが、文化を相対化してとらえる力や、文化的多様性に開く力を育むことにもなると思われます。

注

1　Ma Thin Thin Oo さんの、医療通訳者としての仕事の内容等については、川村千鶴子編著『いのちに国境は

ない　多文化「共創」の実践者たち』（慶應義塾大学出版会、二〇一七年）に詳しい。

2　「シュエガンゴの会」の設立の経緯は、会報『シュエガンゴサーサウン』を参照した。

3　人見泰弘編著『難民問題と人権理念の危機―国民国家体制の矛盾―』（明石書店、二〇一七年）を参照した。

4　日本語の文献としては、コリン・ベーカー著、岡秀夫翻訳『バイリンガリズムと第二言語習得』（大修館書店、一九九六年）に紹介されている。

5　三重県鈴鹿市鈴峰中学校の取り組みであり、日本語指導担当の鳥井仁史教諭からの聞き取りと筆者らが直接見聞きした内容を簡潔にまとめたものである。

6　カナダ・オンタリオ州のリーディング教材で、英語とタガログ語の二言語が併記された絵本である。Carla M Pacis; Joanne De Leon (2004) Hipon and Biya Quezon City : Adarna Book

7　二〇一四年一二月七日に、大久保地域センターの多目的ホールで開催された。主催は新宿区大久保図書館、協力がNPO法人地球野外塾、NPO法人みんなのおうち、公益社団法人シャンティ国際ボランティア会、桜美林草の根国際理解教育支援プロジェクトの四団体である。

8　ジム・カミンズ著、中島和子訳著『言語マイノリティを支える教育』（慶應義塾大学出版会、二〇一一年、六四頁）。

第三部

教科書の昔話（戦前・戦中）事典

シタキリスズメ、
オヤド ハ ドコ ダ。
シタキリ゠
スズメ、
オヤド
ハ
ドコ ダ。

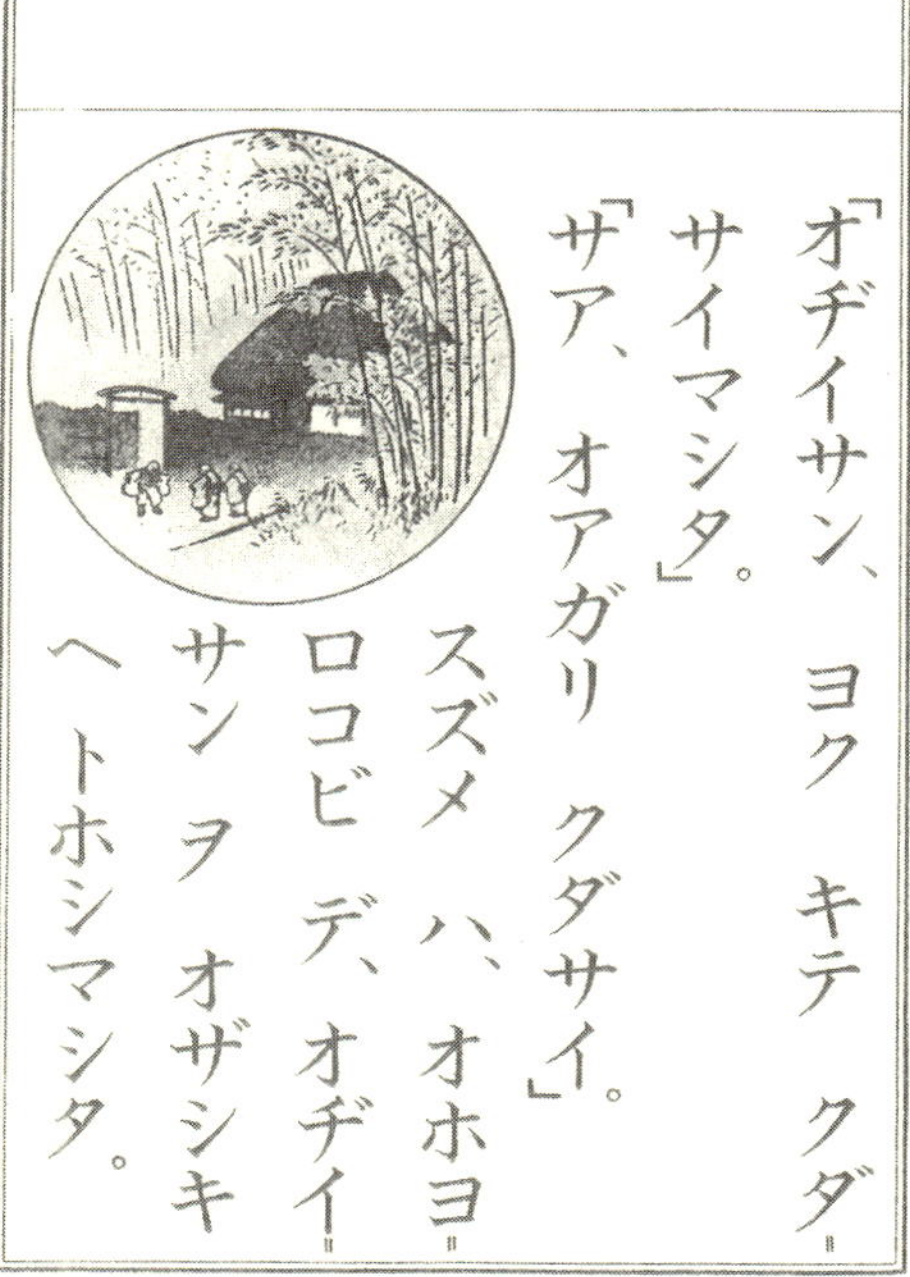

「オヂイサン、 ヨク キテ クダ゠
サイマシタ」。
「サア、 オアガリ クダサイ」。
スズメ ハ、 オホヨ゠
ロコビ デ、 オヂイ゠
サン ヲ オザシキ
ヘ トホシマシタ。

「舌切り雀」（タイトルなし、カラー印刷）
『小学国語読本　尋常科用　巻一』文部省、1932 年

一寸法師

「一寸法師」は、『御伽草子』にも収められている「小さ子」譚であるが、今日一般に知られている筋立ては、巌谷小波の博文館日本昔噺第一九編『一寸法師』（一八九六年（明治二九））に拠っている。『御伽草子』に見られる恋心からの策略、すなわち「うちまき（米）」を姫君の口に塗り、自分が取っておいた米を姫が食べたと泣いて訴え、父である三条の宰相が姫を一寸法師に託して追放する、といったくだりは削除され、三条の宰相に召し抱えられ、その姫のお供で「清水の観音様」に参詣した帰り道で鬼に出遭う、と改められている。

この話は、国語読本の教材として採用されるよりも、唱歌として教材化されたのが早かった。唱歌「一寸法師」は『教科統合　尋常小学唱歌』第一学年中（日本書籍。一学年三分冊。一九〇五年（明治三八））に採られたもので、作詞は巌谷小波、作曲は田村虎蔵である。この唱歌集は、国定の『尋常小学唱歌』（一九一一年（明治四四）～）とは異なる検定教科書で、作曲者田村虎蔵らの『幼年唱歌』『少年唱歌』に続く、言文一致唱歌集である。この曲は、歌詞は五番まであり、大正末に至っても田村編『検定唱歌集』（松邑三松堂）に採られ、教材とされていたとみられる。作詞者が小波であるため、あらすじは博文館日本昔噺と同じであるが、『御伽草子』また博文館版にみられた、おじいさん、おばあさんに小ささを疎まれて家を出るという設定は消えている。歌詞は一番から、京へはるばるのぼりゆく、と旅立ちを歌い、おじいさん、おばあさんは登場しない。二番では、三条の「ダイジンドノ（大臣殿）」に抱えられた一寸法師が姫の供をし、三番で、清水坂で鬼に遭うと歌われている。

国語読本には、第四期国定教科書『小学国語読本』巻三（二年生前半で学習。一九三四年（昭和九））から採用された。「十五　一寸ボフシ」で、漢字カタカナ交じりの口語体、分かち書きである。おおまかな設定は小波版と同じであるが、国語読本では、物語は「ミヤコ」が舞台であるものの、「トノサマ」の姫のお供をして「遠イ所」へ出かけたとき、鬼に出遭うとされ、人名地名の具体性は消えている。

第四期の編集方針は、〈叙述を

読む〉教材について、童話から「やがて寓話伝説（巻三・四）へ、神話（巻五）へ」と発達段階に応じて広げ深めていくというものであったが（『日本教科書大系　近代編7』解題）、一寸法師は、童話から寓話伝説へと発展する段階に置かれた教材とみてよい。河野伊三郎『小学国語読本指導精案』尋常科用巻三（東洋図書、一九三四年）によれば、教材の主眼を「悪事をした鬼が忘れた打出の小槌で一寸法師の背が伸びたといふ点」とし、「エライ人ニナリタイ」という「遠大なる希望」や、お椀の舟で旅する「雄図」に感動させることを目指し、「勇邁」な行動によって大男になった「美談」として読ませることをねらっている。

　続く第五期国定教科書では、『よみかた』三（三年生前半で学習。一九四一年（昭和一六））に「十四　一寸ぼふし」として採られている。口語体、分かち書きは変わらないが、漢字ひらがな交じりに変わり、筋立ても、第四期に登場していたおじいさん、おばあさんがまったく登場せず、二人が子どもをお授けくださいと神に祈ったり、三つになっても少しも大きくならない法師を「シンパイシテ」神に祈る、といった叙述はなくなり、お椀の舟で旅立つところから始まっている。前半が削除されたことで、「りっぱなさむらひ」になろうという一寸法師の勇

ト、ソノ アシダ ノ カゲ ニ 井タ 一すボフシ ハ、「フンデ ハ イケマセン。」ト イッテ、アワテテ トビ出シマシタ。サウシテ、「ケライ ニ シテ 下サイ。」ト タノミマシタ。

トノサマ ハ、「コレ ハ オモシロイ 子ダ。」ト イッテ、ケライ ニ ナサイマシタ。三年 バカリ スギマシタ。一すボフシ ハ、アル日、オヒメサマ ノ オトモ ヲ シテ、遠イ 所 ヘ 出カケマシタ。トチュウ マデ 來ル ト、ドコ カラ カ、オニ ガ 出テ 來テ、一すボフシ ヤ オヒメ

第四期『小学国語読本』一九三四年

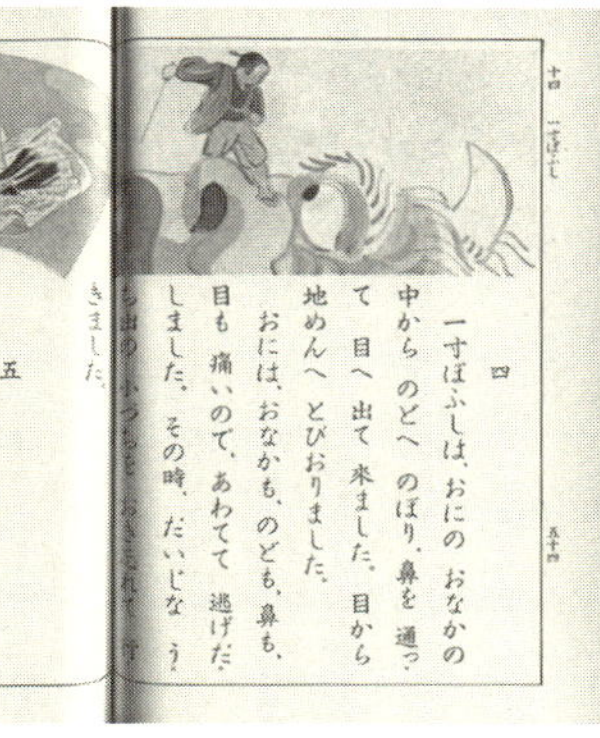
四

一すぼふしは、おにの おなかの 中から のどへ のぼり、鼻を 通って 目へ 出て 來ました。目から 地めんへ とびおりました。

おには、おなかも、のども、鼻も、目も 痛いので、あわてて 逃げだしました。その時、だいじな う[illegible]

きました。

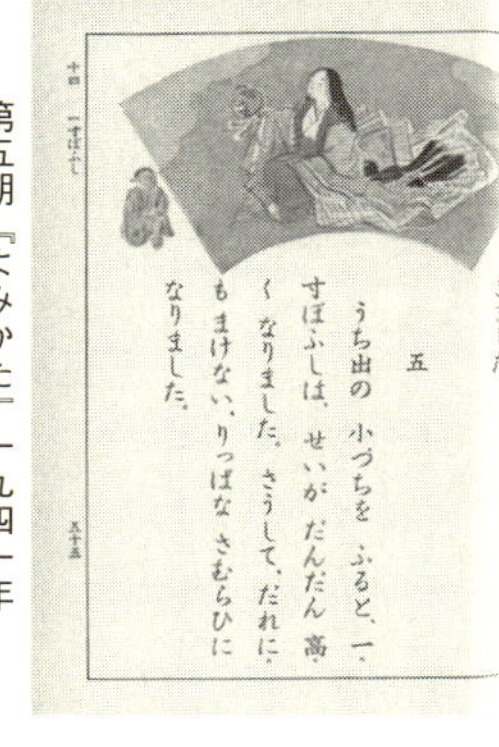
五

うち出の 小づちを ふると、一すぼふしは、せいが だんだん 高く なりました。さうして、だれにも まけない、りっぱな さむらひに なりました。

第五期『よみかた』一九四一年

敢さだけが取り上げられた形になっている。各節に一つずつ、と前期に比して挿画を多く取り入れているが、文部省編『よみかた』三・教師用（一九四一年）によれば、「日本古来の絵巻物の形式をとり」「物語を主体的に鮮明に表現した」ものという。

参考文献

・市古貞次校注『御伽草子』岩波書店、一九五八年
・稲田浩二他編『日本昔話事典』弘文堂、一九七七年
・巌谷小波著・上田信道校訂『日本昔噺』平凡社、二〇〇一年
・上田信道著『名作童謡ふしぎ物語』創元社、二〇〇五年
・海後宗臣編『日本教科書大系　近代編7・8』講談社、一九六四年
・堀内敬三・井上武士編『日本唱歌集』岩波書店、一九五八年

（中村勝）

浦島太郎

「浦島太郎」は、一九〇〇年（明治三三）に金港堂が発行した『尋常国語読本』巻三第六講の「浦島太郎」で初めて国語の教科書に収録された。ただし、この教科書では、浦島太郎が亀を助けたところまでは詳細に語られるが、乙姫は出てこず、「リューグートイフ、メヅラシイトコロへ、ツレテユキマシテ、オンガヘシヲシタトイフコトデアリマス」と簡略にストーリーが語られただけで終わってしまう。

その後、一九〇四年（明治三七）に発行された第一期国定教科書『高等小学読本』一第七課に「浦島子」として収録される。この教科書では、太郎が玉手箱を開けるところまで七五調の歌でストーリーが展開する。また、竜宮城が「蓬萊宮」とされることから、この「浦島子」は『日本書紀』をもとに作られた可能性が高い。こちらも、私たちが知っている「浦島太郎」とは大きく異なる。

一九一〇年（明治四三）に発行された第二期国定教科書『尋常小学読本』では、巻三の二四、二五に「ウラシマノハナシ」として掲載される。本文は漢字とカタカナで表記されている。ストーリーの面では、現在の「浦島太郎」とほとんど同じだが、太郎が竜宮から帰るきっかけが、ご馳走や遊びに飽きたとされ、現在の両親が心配になったという理由とは異なる。なお、教科書では、亀を助ける場面、竜宮から帰る場面が挿絵で描かれている。

一九一八年（大正七）に発行さ

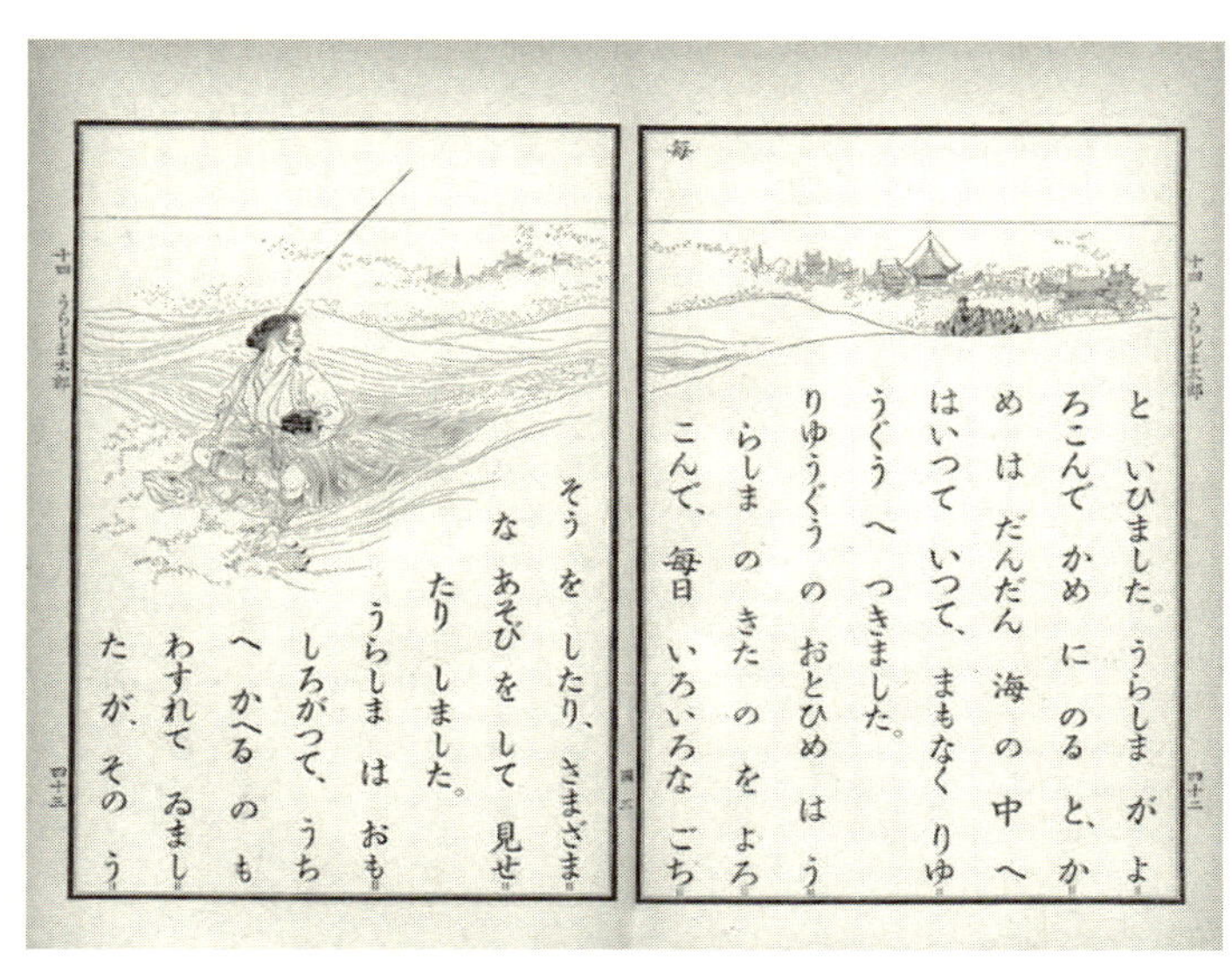
十四　うらしま太郎

といひました。うらしまがよろこんでかめにのると、かめはだんだん海の中へはいつていつて、まもなくりゆうぐうへつきました。

りゆうぐうのおとひめはうらしまのきたのをよろこんで、毎日いろいろなごちそうをしたり、さまざまなあそびをして見せたりしました。

うらしまはおもしろがつて、うちへかへるのもわすれてゐましたが、そのう

四十二　四十三

「うらしま太郎」第三期国定教科書『尋常小学国語読本』

れた第三期国定教科書『尋常小学国語読本』では、巻三の一四に「うらしま太郎」というタイトルで掲載され、漢字とひらがなで表記されるようになる。ストーリーは、太郎が竜宮から戻るのにご馳走や遊びに飽きたという第二期で語られた理由がなくなった点に違いがあるが、その他は同じである。挿絵も、第二期国定教科書の挿絵がそのまま流用された。

一九三三年（昭和八）に発行された第四期国定教科書『小学国語読本』では、巻三の二四に「浦島太郎」として掲載されている。表記は、漢字とひらがなである。ストーリーは、ほぼ同じであるが、太郎が「おとうさんやおかあさんのことをかんがへると、家へかへりたくな」ったと、帰りたくなった理由がそれまでと変わる。この変更により、結末部分の両親や知人がいなくなり、玉手箱をあけようと太郎が決意する部分と平仄が合うようになる。また、話の冒頭で子どもたちが亀を捕まえている部分を第二期、第三期の教科書では「おもちやにしてゐ」るとしていたが、第四期は「いぢめ」としている。挿絵は、これまでの教科書と場面は同じであるが、絵が変わっている。

一九四一年（昭和一六）に発行された第五期国定教科書『よみかた』三に、二六「うらしま太郎」として収録されている。この教科書では、「浦島太郎」が演劇形式で書かれている。その影響か、他の部分は違うが、太郎が竜宮から村に帰った部分だけは七五調の台詞となっている。ただ、ストーリーの展開は、第四期とさほど変わらない。太郎が竜宮から戻ろうと思ったきっかけも、両親のことを思い出したからである。挿絵の数は四枚へと増え、挿絵に描かれた場面も大きく変わった。演劇形式となったこともあり、子どもたちに親しみやすい「浦島太郎」となっている。

こうしてみると、細かい部分で変化はあるが、一九一〇年の第二期国定教科書から、現在の私たちが知っているストーリーの「浦島太郎」が教科書に掲載されていることがわかる。

参考文献

・石井正己『図説日本の昔話』河出書房新社　二〇〇三年
・石井正己『桃太郎はニートだった！』（講談社＋α新書）講談社、二〇〇八年
・海後宗臣編集『日本教科書大系 近代編　国語（一）〜（五）』講談社、一九六四年
・武田正『昔話幻想』岩田書院、二〇一一年
・三舟隆之『浦島太郎の日本史』吉川弘文館、二〇〇九年

（青木俊明）

かちかち山

「かちかち山」は、いわゆる「日本五大昔噺」（かちかち山・猿蟹合戦・舌切り雀・花咲か爺・桃太郎）のひとつとしてよく知られている昔話である。教科書においてはあまり収録される機会が多いとは言えず、国定教科書は第四期と第五期で見られるものの、扱われ方もやや異例であった。教科は国語と唱歌で収録され、修身や植民地、移民地の教科書では収録されていない。

国語

【国定教科書以前】

『尋常国語読本』甲種巻一、一九〇〇年（明治三三）、金港堂

【国定教科書】

『小学国語読本』巻三（第四期国

定教科書）、一九三三年（昭和八）国定教科書以前の『尋常国語読本』では、ひらがなを学習する際に身近なお話を題材とする意図をうかがわせる。兎が狸をやけどさせる場面と土舟に乗った狸が水に沈む場面が選ばれており、文章に併せて、それぞれのページの上部に新出のひらがな「ぎ」「を」「に」「や」「ど」「す」「ね」「ぐ」「づ」が掲出されている。

『小学国語読本』では良雄さんと太郎さんがうさぎとたぬきのお面を作り、かちかち山ごっこをして遊ぶ話になっている。うさぎがたぬきをやけどさせたりする場面は省かれ、「たぬき君、よいお天気だね。これから、一しょに舟あそびをしよう。」から始まる。最後は二人の遊びを見ていたおかあさんとねえさんが登場し、おかあさんが二人の遊びをほめて終わる。

劇の様子『小学国語読本 尋常科用 巻三』

修身

【国定教科書以前】

収録なし

【国定教科書】

収録なし

修身は実在の偉人の言動や忠君愛国思想、儒教的な価値観に沿った教材が選ばれることが多い。動物が主人公という点や相手をだましたりする点は、修身の趣旨とは一致しない要素であろう。

唱歌

【国定教科書以前・国定教科書以外】

『尋常国語読本　甲種巻一』

『幼稚園唱歌』一九〇一年（明治三四）

『大正幼年唱歌』第三集、一九一五年（大正四）、タイトルは「木船泥舟」

【国定教科書】

収録なし

『幼稚園唱歌』の「かちかち山」は東クメの作詞、滝廉太郎の作曲。歌詞は次の通りである。

一　かちかちなるのは、何の音。かちかち山だよ、この山は。たぬきはしらずに、さきへゆく。兎はうしろで、かちかちかち。

二　ぼーぼういふのは、何の音。ぼーぼー山だよ、この山は。たぬきのせなかで、火がぼーぼー。あついと走れば、なほぼーぼー。

三　たぬきのお船は、土ぶねで。うさきのお船は、木のふねで。一所にこぎでる、川の中。たぬきは溺れて、ざぶざぶざぶ。

「かちかちなるのは、何の音。」「ぼーぼういふのは、何の音。」という問いかけ、「兎はうしろで、かちかちかち。」「たぬきのせなかで、火がぼーぼー。」という擬音語、擬態語が駆使され、表現の豊かな七五調の歌詞となっている。

『大正幼年唱歌』のタイトルは「木船泥舟」。葛原しげるの作詞、小松耕輔の作曲。葛原しげるは「木船泥舟」のほかに「舌切り雀」「分福茶釜」も作詞しているが、いずれも話の全体ではなく、最も盛り上がる部分を唱歌にしており、「木船泥舟」でも兎と狸が舟を漕ぎ出し、狸が命乞いをする場面を選んでいる。

参考文献

・石井正己『図説日本の昔話』河出書房新社、二〇〇三年
・海後宗臣編『日本教科書大系　近代編　修身（一）〜（三）』講談社、一九六四年
・海後宗臣編『日本教科書大系　近代編　国語（一）〜（六）』講談社、一九六四年
・海後宗臣編『日本教科書大系　近代編　唱歌』講談社、一九六五年
・広島大学図書館・教科書コレクション画像データベース　http://dc.lib.hiroshima-u.ac.jp/text/

（多比羅拓）

金太郎

「金太郎」は、現在の学術的な分類では昔話として扱われない話になっているが、巌谷小波の「日本昔噺」(一八九四年〈明治二七〉)をはじめとして、人々の間では昔話と同様に広く親しまれてきた。教科書にもたびたび採用されており、戦前の国定教科書においては第四期と第五期の「修身」で収録されている。またホノルルで編纂された教科書にも収められていた。

国語

【国定教科書以前】

『尋常国語読本』甲種巻一、一九〇〇年(明治三三)、金港堂
『尋常国語読本』甲種巻三、一九〇〇年、金港堂
『国語読本　尋常小学校用』巻一、一九〇〇年、冨山房

【国定教科書】

収録なし

『尋常国語読本』は巻一と巻三で重複して選ばれている点が珍しい。巻一は金太郎と熊が相撲を取って組み合っている絵と「クマ。キントキ。」の文字で構成され、上部に「ク」「キ」とある。カタカナの学習の単元である。巻三の第三課「金太郎」では、山ウバに育てられたこと、力が強くマサカリで大木を切り倒し、「イロイロノケモノニ、スマウヲトラセナドシテ」遊んでいたことが書かれている。『国語読本』巻一は金太郎と熊が相撲を取って組み合っている絵と「きんときとくま。」の文字で構成され、上部に「き」「ん」「く」「ま」とある。ひらがなの学習の単元である。

金太郎の図像は、『尋常国語読本』巻一では前掛けはクマと組んでいて見えず、鉞がある。巻三は「金」の字の前掛けで、鉞はない。『国語読本』は格子柄の前掛けで、鉞はない。

国定教科書で選ばれていないのがやや意外な印象である。

『ヨイコドモ』上　第五期国定教科書　修身

修身

【国定教科書以前】

収録なし

【国定教科書】

『尋常小学修身書』巻一（第四期国定教科書）、一九三四年（昭和九）※図版のみ

『ヨイコドモ』上（第五期国定教科書）、一九四一年（昭和一六）※図版のみ（図版参照）

どちらも一学年が対象で、図版のみとなっている。『尋常小学修身書』には冒頭に「モクロク」があり、単元名が記されている。「金太郎」は「六　ゲンキヨク」に該当し、場面は兎と猿の相撲を、金太郎、熊、猿、鹿が囲んでみているところである。『ヨイコドモ』には「モクロク」はないのだが、『尋常小学修身書』とほぼ同内容であるので、同じく「ゲンキヨク」の単元として置かれているのではないかと考えられる。場面も同じく相撲取りの場面だが、今度は金太郎と熊が相撲を取り、金太郎が熊を投げて勝ったところが描かれている。周りでみている動物は狐、猪、鹿、狸、猿、兎と、『尋常小学修身書』よりも種類が多くなっている。金太郎の図像は、『尋常小学修身書』は、格子柄の前掛けで、鉞はない。『ヨイコドモ』は「金」の字の前掛けで、右端には鉞も見える。

唱歌

【国定教科書以前・国定教科書以外】

『新編教育唱歌集』第一集、一八九六年（明治二九）、作者不詳

『幼年唱歌』初編上巻、一九〇〇年、石原和三郎／田村虎蔵

『検定小学唱歌』第一集、一九二九年（昭和四）、巌谷小波／楠美恩三郎

【国定教科書】

収録なし

『新編教育唱歌集』『検定小学唱歌』は、いずれも六番まであり、足柄山での出生、橋を架ける話、源頼光との関係を描いている。巌谷小波が六番で「今も鉞　振上て　熊をふまえた　勢は　いづこの家にも　もてはやす　五月人形の金太郎」と、金太郎と五月人形との関係を強調するのは興味深い。『幼年唱歌』は「マサカリカツイデ、キンタロウ」ではじまる、現在もよく耳にする唱歌である。石原和三郎は巌谷小波と同じく多くの唱歌を手掛けており、ほかの唱歌は六番まである作品も多いが、この作品は二番までで終わっている。

なお植民や移民のために海外で教科書が編纂されたが、「金太郎」が収録されているものは少な

い。一九二九年と一九三六年（昭和一一）にホノルルで刊行された『日本語読本』には見られるが、満州、台湾、朝鮮などのものには収録されていない。

（多比羅拓）

金の斧

「金の斧」は、イソップの寓話の一つである。教科書では、一八七二年（明治五）から一八七五（明治八）にかけて六巻に分けて出版された『通俗伊蘇普物語』の巻之二の第六六に、「水星明神と樵夫の話」というタイトルで収録されている。この本は、修身の教科書として使われたことがあるが、子どもたちが直接使ったのではなく、先生が子どもたちに読んで聞かせるための教科書だったと言われている。また、木こりが対面するのがヘルメース神ではなく、水星明神に変わっているなど、内容がイソップの寓話と多少違っている。ただ、正直な木こりは金銀の斧を示されても自分の斧とは言わずに、自分の斧と金銀の斧をもらえるのに、欲深い男は金の斧を自分の斧と答え、自分の斧すら返してもらえないというストーリーに大きな異同はない。この教科書の特徴は、最後に「正直こそ益を取るよき手段なれ」と教訓が記されるところにある。

「金のをの」第四期国定教科書『小学国語読本』

これ以降、「金の斧」は教科書に掲載されなかったが、第四期国定教科書『小学国語読本』巻三の二〇に「金のをの」として久しぶりに登場する。表記は漢字とひらがなであり、ストーリーは、こちらもイソップの寓話とほぼ変わらない。ただし、こちらも木こりが対面するのはヘルメース神ではなく、「まっ白な長いひげの生えたおぢいさん」となっている。また、修身の教科書とは異なり、最後に教訓は書かれていない。教訓については、子どもたちで読み取ることを意図した本文と言うこともできる。なお、挿絵に正直な男と隣の男がそれぞれ「おぢいさん」と対面する場面が描かれ、二人が対比されるようになっている。

参考文献

・海後宗臣編集『日本教科書大系　近代編　国語(一)～(五)』講談社、一九六四年
・海後宗臣編集『日本教科書大系　近代編　修身(一)』講談社、一九六一年
・渡部温訳・谷川恵一解説『通俗伊蘇普物語』(東洋文庫)平凡社、二〇〇一年

(青木俊明)

瘤取り爺

「瘤取り爺」の話は、『宇治拾遺物語』に「鬼ニ瘤取ラルル事」(巻一ノ三)があり、また爺を「禅門」とする話が『醒睡笑』の巻一と巻六にも見える。

近代の教科書では、一八八七年(明治二〇)の文部省編『尋常小学読本』巻之四の「こぶ取」が早い採録例である(三年生前半用)。これは二課に分かれており、分かち書き、漢字ひらがな交じりの文語体である。文語体ではあるものの、『宇治拾遺物語』とはかなり異なっている。筋立ては、「一」で、「木こり」が「杉の木のうろ」で一夜を明かすことになったが、「きたいなる顔付のものども」が集まってきて酒もりを

開き、舞を始める。木こりは、「もとより好むまひ」であるので、「しらず〳〵」座に出て来て舞を舞い、ほめはやされる。また来るようにと言われ、「約束のしるしに、この瘤をあづかり置くべし」と瘤を取られる。「二」では、隣の「大なる瘤ある老人」が木こりのまねをするが、「まひの上手」ではなかったため、「さきの瘤を返して追ひやれ」と投げ返された瘤が右のほほに付いてしまう、というもので、「これは、真にありし事にはあらざれど、ものうらやみする人のいましめにせんとて、昔の人の語りつたへたるなり。」と結ばれる。「鬼」と明言せず、本当にあった話ではないと断りをいれているところは、迷信を排する当時の教育方針に基づいたものと考えられ、『宇治拾遺物語』の「物うらやみは、すまじき事なりとぞ」という教訓を取り入れている。

　巌谷小波の博文館日本昔噺では、第一〇編（一八九五年（明治二八））に収められており、「瘤は福の物」だから質（かた）にする、という鬼の認識は、『宇治拾遺物語』と同じである。唱歌作品としては、六四番までの長編『家庭唱歌　第十二編　瘤取り』（巌谷小波閲、木村小舟作、田村虎蔵作曲、文武堂、一九〇一年（明治三四））がある。

十二　コブトリ

トビ出シマシタ。

オニ ハ、ビックリ シマシタ。

「アレ ハ ナンダ。」

「アレ ハ ナンダ。」

ト イヒナガラ、ワイワイ サワギマシタ。

オヂイサン ハ、ソレ ニハ カマハズ ウタ ヲ ウタヒナガラ、イッシャウケンメイ ニ ヲドリマシタ。

オニ ハ、

「コレ ハ オモシロイ。」

「コレ ハ オモ

第四期『小学国語読本』一九三三年

　第二期国定教科書『尋常小学読本』巻一（一年生前半。一九一〇年（明治四三））では、巻末近くで、「ヨイオヂイサンハコブヲトラレテヨロコビマシタ。ワルイオヂイサンハコブヲツケラレテコマリマシタ。」という短い本文と二人の挿画で教材化している。読本から発展して昔話に話題を広げたり、修身的な側面から「ヨイ」行いを勧めたり、また直後に掲げてある「ヒダリ　ミギ　マヘ　ウシロ」といった言葉の指導と瘤の位置を関連付けたりして教授したものと考えられる。

　第三期には採録がなく、第四期

『小学国語読本』巻二（一年生後半。一九三三年（昭和八））で、「十二　コブトリ」として採られている。分かち書きの漢字カタカナ交じりの口語体であるが、一八八七年版の「一」に相当する、話の前半のみが採られ、隣のおじいさんは出てこない。ここでは、「オニ」が集まって「大シヤウ」の前で、交替で踊っている。酒もりはしていない。「大ソウヲドリガスキ」だったおじいさんが「ヲドリタクテタマラナク」なって、「木ノアナ」からとび出して踊るという展開は、一八八七年版と同じである。瘤を取られる描写は、おじいさんが「大ジナコブ」だから預けられないと惜しそうなふうをして鬼に取らせる、となっており、『宇治拾遺物語』での描写に準じた記述になっている。後半の省略について、芦田恵之助は、『小学国語読本と教壇』巻二（同志同行社、一九三三年）で、「もし従来のやうに、左の頬に瘤のあるおぢいさんを之に配すると、あまりに話の終が残酷になる」とし、こうした童話の「改善」は「時代の要求と見るのが穏当だらう」と述べている。この話が第二期までもっていた教訓譚としての側面を排した、新しい教材提示のあり方を評価していたのである。

参考文献

・巖谷小波著・上田信道校訂『日本昔噺』平凡社、二〇〇一年
・稲田浩二他編『日本昔話事典』弘文堂、一九七七年
・海後宗臣編『日本教科書大系　近代編5・7』講談社、一九六四年
・三木紀人・浅見和彦校注『宇治拾遺物語』岩波書店、一九九〇年

（中村勝）

猿蟹合戦

「猿蟹合戦」は、現在に至るまで広く知られている日本の昔話に数えられるだろう。国定教科書では第二期では文字の読み書き教材として、第三期からは単独の読み物教材として採録されている。国定教科書に収められていることから、直接的にも間接的にも影響を受けた移民地・植民地向けの教科書にも多く採録されている。台湾（第一期〜）、南洋群島（第三次〜）・満州（関東庁）・インドネシア・ビルマ・ハワイ・ブラジルなど各地で発行された教科書の多くに収められている。

国定教科書では、徐々に内容が整備されていく様子が見て取れる。はじめに登場した第二期では

「サルトカニ　カキノタネ　ニギリメシ」という短いフレーズにとどまるが、第三期では子蟹の仲間である栗と臼と蜂によって仇討ちが果たされる、という馴染みの筋書きで収録される。結末は「コガニガサルノクビヲハサミキリマシタ」とあるが、第四期では「カニハ、ハサミデ、サルノクビヲキラウトシマシタ。サルハ、トウトウ、ジブンガワルカッタトアヤマリマシタ」という結末に改変されており、猿が自身の非を認めることによって赦される物語となっている。

台湾教科書に収められたものは、時期としては国定二期とほぼ同時期に使用されたものだが、内地に先んじて独自の編集が加えられている。現地の生活に根差したものを志向したのだろうか、猿への仕返しをする子蟹の仲間には栗はおらず、臼と蜂に加えて「とがらし」「こんぶ」という顔ぶれである。猿は火傷を負うのではなく、ご馳走のなかに隠れたとうがらしを食べてしまい、水を飲もうとして外に出ると、昆布で足を滑らせる、という筋書きになっている。末部に付された「応用」の項目には、「猿ワ、オトナシイ蟹ヲウチツブシマシタ。ソレユエ、ジブンモマタ、臼ニツブサレテシマイマシタ。」とあり、猿の因果応報譚としてこの話を位置付けようとしていたことが窺える。

ハワイで用いられた『副日本語読本』に収められたものは三〇頁にもわたり、他の教科書に載せられたものに比してかなりの長文で、記述もかなり詳細である。子蟹の元に仲間たちが集まって来る場面では、「カニサンカニサン、ドウシタノ。」という台詞が繰り返されながら、栗や臼、蜂たちが仲間となっていくという、型を重視して練り上げられた筋書きである。ここまで見てきた仇討ちの場面でも、「オヤノカタキオモイシッタカ」という子蟹の台詞によって主題が呈示されており、他の読み物とは比較にならないほどの読み応えがある。こうした差異は、副読本という教科書の特性に起因するものであることは事実であるが、時代を追うごとに「猿蟹合戦」が練り上げられ、昔話としての具体的な形態を獲得していった、と見ることも可能であろう。

昔話は、教科書に載ることで、日本語教育や教訓などの面から、内容に様々な変化が生まれていく。こと「猿蟹合戦」は、ときには新たな主題さえ持ちながら、話としての完成度を高めていった足跡を見て取ることができる。

猿の生き肝

「猿の生き肝」は、古く『今昔物語集』にも見える昔話である。薬として猿の生き肝を取って来るよう竜王に命じられた海月（くらげ）が、猿の巧妙な言い訳に騙されてしまった結果、罰として打たれ、骨なしになってしまったとする。海月の代わりに亀が登場して、甲羅が砕かれる、といった類話が存在し、「骨なし海月」「猿と海月」の異名を持つ昔話である。

　教科書の採録状況を見てみると、日本国内で用いられていた国定教科書には、「猿の生き肝」は一切採録されていない。昔話として人々に知られていたことだろうが、「浦島太郎」や「花咲か爺」などの、国定教科書に長らく収められてきた昔話とは扱いが異なっている。海月の骨がないことの由来を説く、という筋書きには、教材に期待されるような教訓性が付与しづらかったためであろう。

　しかし、移民として海外へ移住した日本人子弟向けの教科書は、状況が異なる。本話は、ハワイへの移民のうち大多数を占めていた本派本願寺の信徒向けに編まれた本派本願寺学務部編纂『三訂中等日本語読本』や、ホノルル教育会編纂『夏季読本』、米国加州（カリフォルニア）教育局編纂『日本語読本』などに収録されている。ホノルル教育会には「おにが島せいばつ」、加州教育局編纂のものには「浦島太郎」が収められているのに対して、他の昔話を収めずに「猿と海月」のみを収めた本派本願寺のものは特に注目される。

　本派本願寺派の「猿と海月」は

「猿と蟹　二」『台湾教科用書国民読本　巻六』台湾総督府、一九一二年

（安松拓真）

戯曲教材で、芸能・舞踊の研究者「小寺融吉」の名が見える作品になっている。国内では教材として用いられなかった昔話が、海を渡った移民たちに読まれることになる、という事態がなぜ起こったのか。昔話と教科書の関係性を考えるうえで今後の研究が待たれる。

「猿と海月」『三訂中等日本語読本　巻二』本派本願寺派学務部、一九二九年

（安松拓真）

地獄巡り

国定国語教科書にも採択されず、植民地・移民地の教科書でも珍しい話に、「地獄巡り」がある。これは一九三〇年（昭和五）のホノルル教育会の『副日本語読本』六の「十八　地獄めぐり」に載るだけで、他に見られない。

山伏と歯医者と軽業師が同じ日に死んで一緒に地獄へ行き、閻魔様の前で生前の罪が暴かれる。青鬼と赤鬼が「三人はろくでもない奴らで、山伏は人間をだましてお金を取り、軽業師は愚にもつかない軽業で女子供から小遣銭を取り上げ、歯医者は法外な高い金を取り上げていた」と言うと、閻魔様は「地獄の釜の中へ入れて煮てしまえ」と言い付ける。青鬼と赤鬼が三人を釜に入れて湯を沸かすと、山伏は印を結んで湯を水に変える。青鬼と赤鬼が訴えると、閻魔様は「剣の山へ登らせてしまえ」と言い付ける。青鬼と赤鬼が三人を剣の山へ登らせると、軽業師は両肩に山伏と歯医者を立たせて一本歯の下駄で渡る。青鬼と赤鬼が軽業に見とれたので、閻魔様は怒って、「三人とも食べてしまえ」と言い付ける。青鬼と赤鬼と黒鬼が大きな口を開けてかじろうとすると、歯医者が歯抜で鬼の歯を抜いてしまった。

これは、関敬吾『日本昔話大成』の「四四二　閻魔の失敗」に属する笑話である。関によれば、「1、太夫（禁主・山伏）・医者が死んで道連れになる。2、(a)剣（針）の山で鍛冶屋が金の草鞋を作ってそれをはいて行く、または軽業師の肩に乗って行く。(b)太夫が熱湯を水にする。(c)鬼が飲む・医者が笑・怒の筋を引っ張って苦しめる。閻魔大王下しを飲んだので腹から出る。3、(a)閻魔が三人を極楽にやる。または(b)蘇生させる」という構成

「地獄めぐり」『副日本語読本』六、ホノルル教育会、一九三〇年

になる。末尾の歯医者の条は簡略だが、話の大枠は押さえている。しかし、典拠は不明である。

(石井正己)

舌切り雀

「舌切り雀」は、古くは一八八三年（明治二六）に集英堂から出版された『帝国読本』巻之三の第五課、第六課に「したきりすゞめ」として収録されている。この教科書は、「ばあさんが洗濯糊を、じいさんがかわいがっていたスズメに食べられたことに腹を立て、舌を切って追い払ってしまう。じいさんは、このスズメを探して山に入り、スズメを見つける。その後、スズメの家で歓待され、大小の葛籠（つづら）から一つを選ぶよう言われる。小さい方の葛籠をもらったじいさんは、家に帰り葛籠をあけたところ、中に宝物が入っていた。それを聞いたばあさんもスズメを訪ね、大きい葛籠をも

らってくる。しかし、ばあさんの葛籠には、汚いものが入っていました」というストーリーである。口承の話では、お爺さんとお婆さんは夫婦であるが、この教科書では二人は夫婦ではなく、情けのあるお爺さんと情けのないお婆さんが隣同士に住んでいるという設定である。また、口承の「舌切り雀」に見られる、スズメを探し当てる前に牛や馬の「洗い汁」を飲むなどの試練も教科書ではなく、婆さんが化け物に殺されてしまうこともない。この点は、教育的配慮の結果と言えるだろう。さらに、この教科書では、末尾に「情けのある者は栄え、情けのないものはひどい目に遭うという例え話だ」という解釈が語られる。これも教科書らしい点として指摘できる。なお、この話には挿絵があり、じいさんがスズメをかわいがるところ、ばあさんがスズメを追い払うところ、じいさんが山でスズメに再会するところの三つの場面をそれぞれ一枚ずつ扇形で描き、三枚をまとめたものと、じいさんとばあさんがそれぞれ葛籠をあけたところの二枚の絵をまとめたものが描かれている。

「したきりすゞめ」『帝国読本』集英堂

　翌一八九四年（明治二七）に普及舎から出版された『尋常小学読書教本』巻二の第二一講にも「舌切り雀」の話が出ている。こちらの話では、「しやうじきなぢぢ」と「いぢわるなばば」となり、情けの有無に焦点を当てた『帝国読本』の設定とは少し異なる。ストーリーはほぼ同じで、「ばば」の葛籠から出てきたのが「ばけもの」で、「ばば」を苦しめたという部分が異なる程度である。挿絵は、「ぢぢ」が山へ行く場面と「ばば」が洗濯をしている場面を併せて一枚に、「ぢぢ」がスズメの家を訪ねる場面と葛籠を開ける場面も併せて一枚にして描かれている。

　これ以後、教科書に「舌切り雀」が掲載されるまでしばらく間隔が開くが、一九三三年（昭和八）に出版された第四期国定教科書『小学国語読本』巻一で復活する。ただ、この教科書では、ストーリー全体が掲載されていたこれまでとは異なり、「オヂイサン」がスズメを探しに山へ入る場面から葛籠をもらって帰る部分まででしか書かれていない。表記はすべてカタカナで、このように短い部分にもかかわらず、挿絵が三枚も含まれている。この教科書では、ストーリーよりも文字の学習のために「舌切り雀」が使われていると推測できる。一九四一年（昭和一六）の第五期国定教科書『ヨミカタ』でも、文章に数ヶ所異同があるが、基本的には同じ形式で掲載され、こちらも文字の学習のための教材となっている。

なお、参考として、「腰折れ雀」が教科書に掲載されたことも紹介しておく。一九〇〇年（明治三三）に冨山房から出版された『国語読本　尋常小学校用』の巻四の第一三講、一四講に「こしをれ雀のうた」というタイトルで収録されている。坪内逍遙が編集した教科書で、これまで出版されていた教科書を調査し、独創的に編集したとのことで、「舌切り雀」ではなく、「腰折れ雀」が選ばれたようである。

参考文献

・石井正己『図説日本の昔話』河出書房新社、二〇〇三年

・石井正己『桃太郎はニートだった！』（講談社＋α新書）講談社、二〇〇八年

・海後宗臣編集『日本教科書大系　近代編　国語（一）～（五）』講談社、一九六四年

・武田正『昔話幻想』岩田書院、二〇一一年

（青木俊明）

鼠の嫁入り

『沙石集』の略本系巻八「貧窮追出す事」に見える話。いわゆる「もぐらの婿取り」型の笑話であり、落語の小話にも用いられる（「まわり落ち」の例）。『沙石集』では「生レツキタル果報ハ、定リ有テ転ジガタキ事」の例として語られる。

一八九七年（明治三〇）に、巌谷小波の博文館日本昔噺二四編『鼠の嫁入』が出版された。ここでは、娘の名はお忠（ちゅう）、父は忠兵衛（ちゅうべえ）とされ、父が最初に結婚を申し入れるのはお日様ではなく、お月様である。話の結末で父は娘夫婦に、「牛は牛連（うしづれ）、馬は馬連（うまづれ）、鼠は矢張り鼠連で、縁を結ぶのが一番」と述べ、これも「大黒様のお庇（かげ）」

と信心の大切さを語っている。

　教科書には、第四期国定『小学国語読本』巻二（一年生後半。一九三三年（昭和八））で「十　ネズミノヨメイリ」として、続いて第五期国定『ヨミカタ』二（一年生後半。一九四一年（昭和一六））

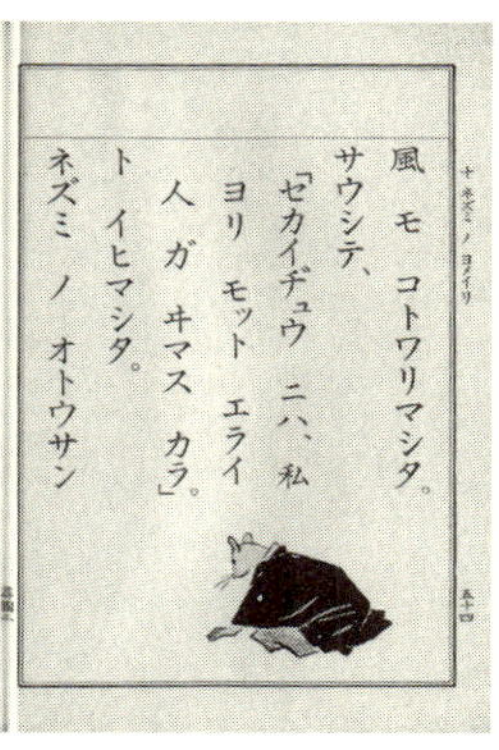

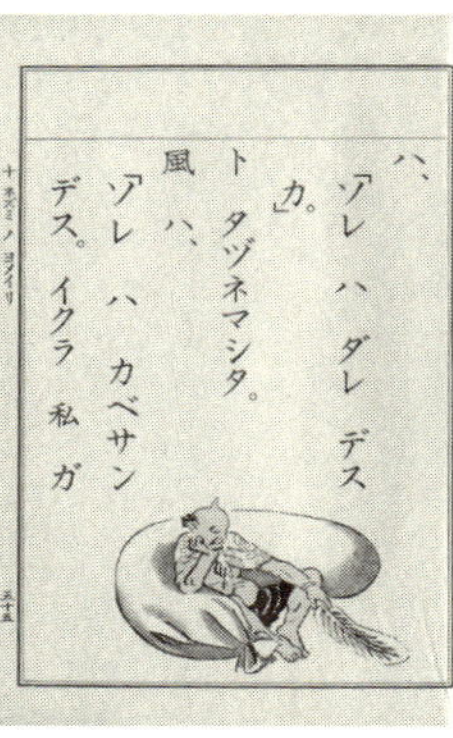

第四期『小学国語読本』一九三三年

にも、「十七」課として、第四期とほぼ同じ叙述の、漢字カタカナ交じり、分かち書きの口語体で採られている。

　筋立ては、鼠夫婦が、娘を世界中で一番えらい人の嫁にしようと思い、お日様に申し入れるが、雲には隠されてしまうからと断られ、続いて雲も風には吹き飛ばされるからと断られ、風にも壁には遮（さえぎ）られるからと断られ、最後に壁に申し入れるが、結局、世界中で一番えらいのは壁をかじる鼠だ、ということになり、近所の鼠の嫁にする、というもの。

　第四期の使用開始の際に、小林佐源治は『小学国語読本新指導書　尋常科第一学年後期用』（一九三三年）で、「此の童話の道徳的意味は『身の程を知れ。』とか『身分相応』といふことを授けるのであるが、一年生あたりではそんなことは解らぬ、教へなくてもよい。たゞ此の話を覚えてゐれば長じて自然にその意味がわかる。」と述べ、この童話のもつ「繰り返しの形式及び循環形式の面白み」について覚らせればよい、としており、第五期の文部省編『ヨミカタ』二・教師用（一九四一年）でも同様の教材設定である。

　芦田恵之助は、『小学国語読本と教壇』巻二（同志同行社、一九三三年）で、この形式について、「長篇である。けれども徹底的に反復の形がとつてあるので、一読その輪廓をつかむことができる。」と指摘し、内容については、「迷つてみて、落着くところに落着いたのだ。素直な童心に、かうしたことの一端でも、読取らせることができたら面白いことだ。」と論じている。また、「嫁入を麗々と題目にかゝげたのは、小学校の国語読本では、これが始めてかと思ふ。」とし、結婚について子供たちに考えさせることは、「頗る当を得たものと思ふ。そこが童話の世界のやうだ。」としている。

第四期で採録されたのは、この期の教科書編集の方針の一つであった、親しみやすい昔話を用いて文学的内容を重視するという考え方によるものであろう。

参考文献

・巌谷小波著・上田信道校訂『日本昔噺』平凡社、二〇〇一年

・稲田浩二他編『日本昔話事典』弘文堂、一九七七年

・海後宗臣編『日本教科書大系　近代編7・8』講談社、一九六四年

・渡邊綱也校注『沙石集』岩波書店、一九六六年

（中村勝）

花咲か爺

「花咲か爺」は、いわゆる「日本五大昔噺」のひとつとしてよく知られる昔話で、教科書においても「桃太郎」「猿と蟹」「浦島太郎」と並んで、収録される機会の非常に多い定番教材であった。国定教科書においては第二期から第五期まで収録されていた。教科も複数にまたがっており、国語・修身・唱歌で扱われた。さらにアジアの植民地やアメリカの移民地で編纂された教科書にも収められていた。

国語

【国定教科書以前】

『尋常国語読本』甲種巻一、一九〇〇年（明治三三）、金港堂

『国語読本　尋常小学校用』巻一、一九〇〇年、冨山房

【国定教科書】

『尋常小学読本』巻三（第二期国定教科書）、一九一〇年（明治四三）

『尋常小学国語読本』巻二（第三期国定教科書）、一九一八（大正七）

『小学国語読本』巻二（第四期国定教科書）、一九三三年（昭和八）

『ヨミカタ』巻二（第五期国定教科書）、一九四一年（昭和一六）

国定教科書以前の『尋常国語読本』『国語読本　尋常小学校用』では、ひらがなとカタカナを学習する際に身近なお話を題材とする意図をうかがわせる。場面はおじいさんが枯れ木に花を咲かせる箇所のみである。一方、国定教科書では、時期によって話を複数に分割しながら全体を学習している。また第二期・第三期では「ヨイオヂイサン」と「ヨクノフカイオヂイサン」「ワルイオヂイサン」の

対比を採るが、第四期・第五期では「トナリノオヂイサン」とやや表現が柔らかくなった。ただし、大きく内容は変わっていない。

『新編修身教典　尋常小学校用』巻一
よいおじいさん（右）と欲深なおじいさん（左）が対比的に描かれる。
（『日本教科書大系』）

修身

【国定教科書以前】

『新編修身教典　尋常小学校用』巻一、一九〇〇年、普及舎

【国定教科書】

収録なし

『新編修身教典　尋常小学校用』では、ほかにも「ももたろー」「うらしまたろー」「したきりすずめ」といった昔話が収録されている。「修身」であるので、押さえるべき徳目に合わせた場面が選ばれており、文字は書かれていない。「はなさかぢぢ」は全三課（六枚）構成で、冒頭の一課（二枚）を除く二課（四枚）は、よいおじいさんと欲深なおじいさんの対比をとらえる場面になっている。

国定教科書においては収録されていない。その理由としては、まず「国語」において時間をかけて物語を学習することになっていたため、ある種の棲み分けがなされた点が挙げられよう。また「修身」は実在の人物を基にした構成となっており、昔話である「花咲か爺」はそこに該当しなかった点も考えられる。

唱歌

【国定教科書以前・国定教科書以外】

『幼年唱歌』初編下巻、一九〇一年（明治三四）、十字屋

『検定小学唱歌』第一学年、一九二九年（昭和四）、京文社

【国定教科書】

『尋常小学唱歌』第一学年（第二期国定教科書）、一九一一年（明治四四）

『新訂尋常小学唱歌』第一学年（第四期国定教科書）、一九三二年（昭和七）

石原和三郎（『幼年唱歌』）と厳

谷小波（『検定小学唱歌』）が多くの唱歌を作ってきた人物であるのと対照的に、『尋常小学唱歌』『新訂尋常小学唱歌』は作者不詳の作品が選ばれているのが特徴と言える。

『尋常国語読本』甲種巻一
かなの学習の意図がうかがえる。
（『日本教科書大系』）

歌の内容も石原『幼年唱歌』と巌谷『検定小学唱歌』は犬から宝のありかを教わるところから始まり、一番から六番まであるのに対し、『尋常小学唱歌』は二番までと短いものになっている。内容は正直爺と意地悪爺の対比が主眼で「正直爺が　灰まけば　野原も山も　花ざかり　殿様大層　よろこんで　ぢぢいに　褒美を下される」「意地悪爺が　灰まけば　目鼻も口も　灰だらけ　殿様大層　はらを立て　ぢぢいに　縄をかけられる」のみである。

『尋常小学唱歌』『新訂尋常小学唱歌』の内容は同一である。

なお植民や移民のために海外で教科書が編纂され、そのなかでも「花咲か爺」は多く収録されている。一九一三年（大正二）から一九四三年（昭和一八）に刊行された教科書の中で、台湾・朝鮮・満州・南洋群島・インドネシア・ハワイ・アメリカ本土（シアトル）、ブラジルといった国や地域で教材となったことが知られている。

（多比羅拓）

桃太郎

「桃太郎」は国定教科書において、第二期から第五期にわたって採録され続けた定番教材であった。桃太郎が鬼ヶ島を攻略し、宝物を手に入れて帰っていく、という筋書きは、植民地や賠償金を勝ち取っていった帝国日本の歩みと重なる。とはいえ、教材の本文自体の思想性には程度の差があり、読み比べれば興味深い差異も浮かび上がって来る。

国定教科書第二期では、「オジイサンハヤマヘシバカリニ……」という馴染みの冒頭部分の直後に、「クルマニツンダタカラモノ、イヌガヒキダスエンヤラヤ。」と、鬼ヶ島から宝物を持ち帰る場面が続いている。教科書できちんと物語を描かなくとも、当時の子供たちには広く知られていた昔話であったのだろう。

第三期に至ると、「桃太郎」の物語内容が整備され、犬・猿・雉を仲間にして、鬼ヶ島を征伐する、という筋書きを持つようになる。第四期もほぼ同様の内容であるが、宝物の位置付けが異なる。第三期では「オニドモハカウサンシテ、ダイジナタカラモノヲダシマシタ。」とあるのに対し、第四期では「モモタラウハ、オニヲユルシテヤリマシタ。オニハ、オレイニ、イロイロノタカラモノヲ、サシダシマシタ。」とあり、宝物は略奪ではなくて、鬼からの「オレイ」として渡されたものであるのだとする。

また、「桃太郎」は多くの移民・植民地向け教科書にも収められる。台湾・朝鮮・南陽群島・満州・インドネシア・ブラジル・アメリカなど、戦前の国語教科書のほとんどに採録されており、昔話教材の中でも群を抜いた採録率である。国定教科書からそのまま教材を転用したものも少なくないが、中には国内の教科書にはない新たな特徴を持ったものもある。

台湾の『台湾教科用書国民読本』に採録された「桃太郎」は、「そおして、そのたからものわ、のこらず、天子さまえあげて、ごほおびおいただきましたから、それお、おじいさんとおばあさんにみせて、よろこばせました。」という結末である。「天子さま」、つまり天皇が昔話の世界に紛れ込み、戦いの成果が「天子さま」に献上されることが当然であるかのような描写である。内地で用いられていた教材とは異なり、天皇の権威が子供たちにも理解しやすくなるよう、工夫されている。

ハワイの『夏季読本』に収められた「おにが島せいばつ」は、他の「桃太郎」とは一線を画している。「JOJKほうそうきょく」からの実況中継という、物語構成への大胆なアレンジが加えられているからである。犬・猿・雉が「三勇士」と呼ばれていたり、雉の様子が「飛行機」に喩えられたり、猿は「小さいばくだんのような物」を鬼に投げつけたり（実はきびだんごであることが後に判明する）、といったように、戦争に勤しんでいた社会情勢の影響を感じずにはいられない。それでも、実況中継による昔話という独自の路線を切り開いたことは、教科書が昔話に与えた影響の一つとして、見逃せないものである。

国民に広く知られる「桃太郎」は、その内容から帝国主義やナショナリズムによって新たな意味が与えられながら、多くの少年少女たちに愛されてきた。「桃太郎」が人々の手に届けられる際には、教科書以外にも、児童書や新聞、映画などの同時代のメディアを経由する。だが、「桃太郎」という昔話は教科書に載せられていく中で、独特のバリエーションを獲得していたことは、顧みられるべき現象であるといえよう。

第三　おにが島せいばつ

こちらは、JOJKほうそうきょくであります。たゞ今からもゝ太郎君の、おにが島せいばつのあり様を、ほうそういたします。

勇ましいすがたのもゝ太郎君を始め、犬・さる・きじの三勇士が、いよく、おにが島のじょう門

「おにが島せいばつ」『夏季読本　巻四』ホノルル教育会、一九三八年

（安松拓真）

講演者・執筆者一覧（講演・執筆順）

高田桂子（たかだ　けいこ）

児童文学作家。広島県生まれ。長編『ざわめきやまない』（理論社、一九八九年）で第一二回山本有三記念「路傍の石文学賞」受賞。他の作品に『かごめかごめかごめがまわる』（あかね書房、一九九一年）、『ひあたり山とひつじのヒロシ』（国土社、二〇〇九年）、『あしたもきっとチョウ日和』（文渓堂、二〇一二年）、『ここから物語がはじまる』（そうえん社、二〇一五年）など。

野村敬子（のむら　けいこ）

一九三八年山形県真室川町生まれ。口承文芸研究者。故郷の昔話定位置観察。『真室川の昔話―鮭の大助』（桜楓社）、『語りの回廊―聴き耳の五十年』（瑞木書房）、『老いの輝き　平成語り山形県真室川』（瑞木書房）。

大澤千恵子（おおさわ　ちえこ）

一九六九年、東京都生まれ。東京学芸大学教育学部准教授。博士（宗教学）。専門は児童文学、国語教育。単著に『見えない世界の物語』（講談社、二〇一四年）、共著に『世界女神大事典』（原書房、二〇一五年）『異界の交錯』上巻（リトン、二〇〇六年）『夢と幻視の宗教史』上巻（リトン、二〇一二年）などがある。

馬場英子（ばば　えいこ）

一九五〇年岡山県生まれ。新潟大学名誉教授。中国の口承文芸研究。著書に、共編訳『北京のわらべ唄』一、二（研文選書）、共編訳『中国昔話集』一、二（東洋文庫・平凡社）、『浙江省舟山の人形芝居』（風響社）、『語りによる越後小国の昔ばなし』（知泉書館）など。

金廣植（キム　カンシク）

一九七四年韓国生まれ。日本学術振興会 特別研究員ＰＤ。口承文芸、民俗学を研究。著書に『植民地期における日本語朝鮮説話集の研究―帝国日本の「学知」と朝鮮民俗学』（勉誠出版、二〇一四年）、『植民地朝鮮と近代説話』（民俗苑、二〇一五年）、『近代日本における朝鮮口碑文学の研究』（寶庫社、二〇一八年）などがある。

坂田貞二（さかた　ていじ）

一九三八年東京都生まれ。拓殖大学名誉教授。ヒンディー中世文学と民間伝承を専攻。著書に『インドのむかし話―天にのぼるベールの木ほか』（「大人と子供のための世界のむかし話②」偕成社、一九八九年）、『ヒンディー語民話集（対訳叢書）』（大学書林、一九九九年）などが、また昔話論考に「北インドの昔話と子ども」（石井正己編『児童文学と昔話』三弥井書店、二〇一二年）ほかがある。

小川正人（おがわ　まさひと）

一九六三年京都府生まれ。北海道立アイヌ民族文化研究センターをへて、二〇一五年四月から北海道博物館職員。調査・研究の主要なテーマは近代アイヌ教育史。著書に『近代アイヌ教育制度史研究』（北海道大学図書刊行会、一九九七年）、共編書に『アイヌ民族　近代の記録』。

君塚仁彦（きみづか　よしひこ）

一九六一年東京都生まれ。東京学芸大学大学院教育学研究科修士課程修了後、東京都豊島区立郷土資料館学芸員を経て、現在、東京学芸大学教授、附属幼稚園長を兼任。博物館学、歴史学を専攻。著作に『現代に活きる博物館』（共編著、有斐閣、二〇一二年）、『戦争記憶の継承―語り直す現場から』（分担執筆、社会評論社、二〇一一年）、『平和概念の再検討と戦争遺跡』（編著、明石書店、二〇〇六年）、「ハンセン病回復者の記憶と博物館展示に関する基礎的研究（２）―ハンセン病博物館の歴史的段階と課題としての教育活動―」（『東京学芸大学紀要　総合教育科学系Ⅰ』第69集、二〇一八年）などがある。

崔仁鶴（チェ　インハク）

一九三四年韓国生まれ。東京教育大学で文学博士を授与され、『韓国昔話の研究』（弘文堂）を刊行。『朝鮮伝説集』（日本放送出版協会）、『韓国の昔話』（三弥井書店）、『韓日昔話の比較研究』（弘文堂）のほか、共編著『韓国昔話集成』全六巻（悠書館、刊行中）がある。

虎頭恵美子（ことう　えみこ）

一九四一年東京都生まれ。学習院大学文学部ドイツ文学科卒業。翻訳家。（財）グリム兄弟協会日本支部代表。ドイツ語圏児童書の翻訳に従事。著書に『だから、ぼくは強いクマなんだ』（コルシュノフ　大日本図書　必読図書）『トランキラトランペルトロイ』（エンデ　ほるぷ出版）『あかずきん』（グリム童話　絵　篠崎三朗世界文化社）。論文に「狼と七ひきの子山羊」、「星の銀貨」、「ローマ字グリム童話—大正期翻訳書『グリムお伽噺』について」などがある。

須佐多恵（すさ　たえ）

和歌山県生まれ。大阪大学大学院言語文化研究科博士後期過程単位取得退学。大阪大学非常勤講師。

主な論文に「ロシア語におけるモダリティーの構造——発話単位としての文をめぐって」（『大阪大学言語文化学』Vol.7、一九九八年）、「忘れられたカレリア語の聖書」（『ロシア　祈りの大地』大阪大学出版会、二〇〇八年、共著）、「カレリア語の衰退と再生——夏期講習会に参加して」（『セーヴェル』三〇号、二〇一四年）、「フィンランドにおけるロシア語教育——異言語、そして母語として——」（『ロシア語教育研究』第三号、二〇一二年）、「フィンランドにおける異言語教育——「スウェーデン語＋英語＋α」を目指して——」（『ロシア語教育研究』第五号、二〇一四年）など。

荻野文隆（おぎの　ふみたか）

一九五三年富山県生まれ。東京学芸大学名誉教授、フランス文学・思想、家族人類学。

共編著に『他者なき思想：ハイデガー問題と日本』（藤原書店、一九九六）、『多言語多文化社会へのまなざし－新しい共生への視点と教育』（白帝社、二〇〇八）。訳書にエマニュエル・トッド『世界の多様性：家族構造と近代性』（藤原書店、二〇〇八）。論文に「夏目漱石とフランス：平等主義と自由主義」（『世界文学』一二六号、二〇一七）、「エミール・ゾラの翻訳：飯田旗軒と『巴里』」（『世界文学』一二一号、二〇一五）、「エミール・ゾラと故郷：回収されえないものとしての起源」（『世界文学』一一九号、二〇一四）ほか。

荻野Isabelle（おぎの　いざべる）

パリ生まれ。中央大学、法政大学、早稲田大学兼任講師。ＨＥＣ（Ecole des Hautes Etudes Commerciales）卒。アフリカの歴史と文化、フランス語教育。

著書に『パリの街角で：音声ペンで学ぶフランス語入門』（両風堂、二〇一五）。論文に「ガリアの要塞集落とマリ・古代ジェンネからの展望」（『フランス—経済・社会・文化の実相』、中央大学出版部、二〇一六）、「ジェンネとガーナ：ふたつの社会モデルとサハラ縦断交易の問題」（『中央大学経済研究所年報　第四五号』、二〇一四）、「エルフ事件を通して見る予審判事廃止の社会政治的影響」（『フランス—経済・社会・文化の実相』、中央大学出版部、二〇一〇）、「ヨーロッパ地中海パートナーシップとロメ協定の終焉」（『日仏経営学会紀要　第一八号』、二〇〇一）など。

細川太輔（ほそかわ　たいすけ）

一九七八年東京都生まれ。東京学芸大学准教授。国語科教育専攻。

著書に『小学校国語科　思考の可視化ツール』（明治図書、二〇一八年）、『習得・活用・探究の学習過程を工夫した授業デザイン』（明治図書、二〇一七年）、『「学び合い」の授業づくり』（明治図書、二〇一六年）、『主体的・協働的な学びを引き出す学習環境デザイン「こと・もの・ひと」三つの視点でデザインする国語授業アイデア二十三CASES』（東洋館出版、二〇一六年）、『国語科教師の学び合いによる実践的力量形成の研究』（ひつじ書房、二〇一四年）など。

齋藤ひろみ（さいとう　ひろみ）

東京学芸大学教育学部教授。小中学校教諭、中国帰国者定着促進センターでの日本語講師等を経て現職。日本語教育学、日本語教師教育、子どもの日本語教育を専門とし、研究・実践に携わる。

著書に『異文化間に学ぶ「ひと」の教育』（編著）明石書店、『外国人児童生徒の学びを作る授業実践—「ことばと教科の力」を育む浜松の取り組み』（編著）くろしお出版、『外国人児童生徒のための支援ガイドブック—子どもたちのライフコースによりそって』（編著）凡人社、『文化間移動をする子どもたちの学び—教育コミュニティの創造に向けて』（編著）ひつじ書房などがある。

人見泰弘（ひとみ　やすひろ）

名古屋学院大学国際文化学部。国際社会学を専門とし、移民・難民・多文化共生に関する研究や実践に関わる。

著書に『難民問題と人権理念の危機—国民国家体制の矛盾』（二〇一七年、編著）明石書店のほか、『移民政策のフロンティア—日本の歩みと課題を問い直す』（二〇一八年、共著）明石書店、『難民を知るための基礎知識—政治と人権の葛藤を越えて』（二〇一七年、共著）明石書店、『現代人の国際社会学・入門—トランスナショナリズムという視点』（二〇一六年、共著）有斐閣など。

中村勝（なかむら　まさる）

一九七三年長崎市生まれ。東京学芸大学教育学部、同大学院教育学研究科修士課程修了。現在、立教新座中学校・高等学校教諭。中古・中世文学、国語教育を専攻。

「新「常用漢字表」に追加された漢字の筆写字形について」（『立教新座中学校・

高等学校研究紀要」40・二〇一〇年）「中学校国語教科書に見る印刷書体・手書きの書体に関する学習」（『立教新座中学校・高等学校研究紀要』41・二〇一一年）、『旺文社国語辞典』『旺文社古語辞典』執筆・校正協力。

青木俊明（あおき　としあき）

一九七七年生まれ。静岡県内の公立高校勤務を経て、現在は静岡県教育委員会勤務。編著書に『遠野物語辞典』（岩田書院）、『子どもに昔話を！』、『現代に生きる妖怪たち』（いずれも三弥井書店）がある。

多比羅拓（たひら　たく）

一九七五年、東京都生まれ。八王子学園八王子中学・高等学校教諭。専攻は日本文学。論考に「鷺流狂言伝書保教本の注記に関する考察」、「国定教科書の中の昔話」（石井正己編『昔話を愛する人々へ』）、「新・小学校教科書に見る昔話の内容」（石井正己編『昔話にまなぶ環境』）、「復活した神話教材」（石井正己編『児童文学と昔話』）など。

安松拓真（やすまつ　たくま）

一九九二年大分県生まれ。都立両国高等学校・同附属中学校教諭。日本中世文学（軍記）専攻。

論文に「「しるし」としての神器—『太平記』における宝剣のゆらぎ—」（『学芸古典文学』第一〇号、二〇一七年）、「『太平記』三種神器考—「似せ物」をめぐって—」（平成二八年度広域科学教科教育学研究経費報告書『国際化時代を視野に入れた歴史・文化・教育に関する戦略的研究』東京学芸大学、二〇一七年）。

編者紹介

石井正己（いしい・まさみ）

1958年東京生まれ。東京学芸大学教授、一橋大学大学院連携教授、柳田國男・松岡家記念館顧問、韓国比較民俗学会顧問。日本文学・民俗学専攻。

最近の単著に『100 de 名著ブックス 柳田国男 遠野物語』（NHK 出版）、『ビジュアル版 日本の昔話百科』（河出書房新社）、『昔話の読み方伝え方を考える』（三弥井書店）、編著に『博物館という装置』（勉誠出版）、『昔話を語り継ぎたい人に』（三弥井書店）、『現代に生きる妖怪たち』（三弥井書店）、『外国人の発見した日本』（勉誠出版）、『菅江真澄が見た日本』（三弥井書店）、共編著に『文学研究の窓をあける』（笠間書院）がある。

世界の教科書に見る昔話

2018（平成30）年 8 月27日　初版発行
2019（平成31）年 2 月14日　第二刷発行

定価はカバーに表示してあります。

発行者　吉 田 栄 治
発行所　株式会社 三 弥 井 書 店
〒108-0073　東京都港区三田 3-2-39
電話 03-3452-8069
振替 0019-8-21125

ISBN978-4-8382-3339-7 C0037　整版・印刷 エーヴィスシステムズ